Sylvia Meise

Spielen Denken Lernen – mit allen Sinnen

Sylvia Meise, freie Journalistin, arbeitet für verschiedene Medien zu den Schwerpunktthemen Bildung und Erziehung, Psychologie der Alltagsbewältigung und Gesellschaftlicher Wandel. Studium der Sinologie und Philosophie.

Pat Meise, freiberuflicher Fotojournalist, arbeitet für Agenturen, Tageszeitungen und Magazine. Schwerpunktthemen: Alltag, (urbane) Landschaften und visuelle Umsetzung gesellschaftlicher Trends.

Sylvia Meise

Spielen Denken Lernen
mit allen Sinnen

Fotografien von Pat Meise

Ihre Wünsche, Kritiken und Fragen richten Sie bitte an:
Cornelsen Verlag Scriptor, Redaktion Frühe Kindheit, Willy-Brandt-Platz 6, 68161 Mannheim oder
Marketing, 14328 Berlin, Cornelsen Service Center, Servicetelefon 030 / 89 785 89 29

ISBN 978-3-589-24556-7

Redaktionsleiterin: Ulrike Bazlen, Mannheim
Lektorat: Sigrid Weber, Freiburg
Herstellung: Erik Störmer, Mannheim
Layout: Claudia Adam Graphik-Design, Darmstadt
Satz: Markus Schmitz, Büro für typographische Dienstleistungen, Altenberge
Druck und Bindung: Mohn media – Mohndruck GmbH, Gütersloh
Umschlaggestaltung: Claudia Adam Graphik-Design, Darmstadt
Fotos inkl. Titelfotografie: Pat Meise, Frankfurt am Main

Printed in Germany

Weitere Informationen finden Sie im Internet unter
www.cornelsen.de

Inhalt

Einleitung

Guck mal! – Neugier ist hochgradig ansteckend. Ein patenter Virus, der überall da ausbricht, wo es etwas zu sehen, anzufassen oder zu betreten gibt. Wo Menschen mit angehaltenem Atem und glücklichem Strahlen vom innersten Kern der Dinge berührt werden. Guck mal! heißt auch, dass man dieses Glück teilen kann! Wir haben uns gerne anstecken lassen von der Entdeckerfreude aller, die wir in diesem Buch vorstellen. Sie haben uns die Türen geöffnet und wir sind der Einladung gefolgt, ihnen ganz nahe gerückt, haben uns alles zeigen lassen, Kamera und Stift sind ihre Zeugen.

Die Idee stand schon lange im Raum: Müssten wir nicht …? All die inspirierten Erzieherinnen und Lehrer, die Ideen und Projekte, die wir in den letzten fünfzehn Jahren erlebt haben, all das Wissen, das wir uns erarbeitet haben … Müssten wir nicht mal alle und alles zusammenbringen und etwas Neues daraus machen? Mussten wir. Den letzten Anstoß gab schließlich das Buch *Lernen lernen* von Kristin Gisbert. Darin fand sich das Quantum Hintergrundwissen, das diesem Projekt die Initialzündung gab: Wir erfuhren, dass schon Kleinkinder intuitive Theorien über Physik, Mathematik oder Psychologie haben. Dafür allerdings brauchen sie Menschen in ihrer Umgebung, die ihnen eine sichere Basis vermitteln, die sie mit Liebe, Vertrauen und positiver Rückmeldung versorgen, sodass sie gut ausgerüstet in die Welt ziehen und Erfahrungen machen können. Entdeckungen. Immer neu.

Ausgehend von sechs frühen intuitiven Wissenstheorien von Kindern, also ihrem frühen physikalischen, biologischen, psychologischen, sprachlichen und mathematischen Verständnis sowie ihrer Fähigkeit zur Metakognition, haben wir Bildungseinrichtungen für Kinder bis zu elf Jahren besucht. Kindertagesstätten und Grundschulen, die beispielhaft zeigen, wie man das, was Kinder bereits mitbringen, wertschätzend aufgreifen, begleiten und fördern kann. Als siebtes Thema haben wir den Übergang zwischen den beiden Bildungssystemen Kindergarten und Grundschule und die Herausforderung zur beiderseitigen Kooperation angehängt. Jedes Kapitel beginnt mit einer Reportage aus einer Kindertagesstätte und endet mit einer Reportage aus einer Grundschule. Dazwischen kommen Fachfrauen und -männer zu Wort, die wir in den letzten Jahren kennengelernt haben. Vier eingeschobene Hintergrundtexte gehen näher auf theoretische Grundlagen des Spielens, Lernens, Kommunizierens und der Sinne ein.

Erklärtes Ziel des Buchs ist es, Begeisterung weiterzugeben, Einblicke zu verschaffen und zum Nachahmen anzuregen. Wir haben zwar die Einrichtungen beispielhaft den sechs Wissens-Oberbegriffen Physik, Biologie, Psychologie, Mathematik, Sprache und Metakognition sowie als siebtes den Transitionen oder Übergängen zugeordnet, deren pädagogischer Alltag beschränkt sich jedoch selbstverständlich nicht auf dieses eine ausgewählte Thema.

In jeder Einrichtung haben wir einen Tag lang hospitiert und somit einen kleinen Ausschnitt des Gesamtalltags wahrgenommen. Viel zu kurz! Viel zu wenig!, fanden die Beteiligten und fürchteten immer, nicht alles zeigen zu können. Vielleicht dachten sie auch wie der neunjährige Nathan der Umweltschule Heuchelhof, der uns fragte, „Kommt ihr jetzt jeden Tag? Habt ihr euch in Würzburg eine Wohnung genommen?" Auch wenn die Zeit tatsächlich begrenzt war, sind wir dennoch nicht durch die Einrichtungen durchgehuscht. Und selbst durch kleine Zeitfenster, wie sie uns geöffnet wurden, werden doch viele Signale gesendet. Man spürt, wie gearbeitet, miteinander geredet, gelacht oder geschimpft wird, und man erkennt, ob und wie miteinander geforscht wird.

Grundgedanke dieser Darstellung guter Beispiele ist das Prinzip Vernetzen und Kooperieren plus Querdenken. Nicht immer dieselbe Schiene benutzen, sonst rosten die anderen. Wir halten dies für wichtige Fertigkeiten und Voraussetzungen lebenslangen Staunens und Lernens, die wir Kindern in diese sich ständig verändernde Welt mitgeben müssen. In einer Welt, in der es keine Generalisten mehr geben kann, die alles wissen, muss man bereit sein, zu kooperieren und gemeinsam nach Antworten zu suchen.

Das Buch gliedert sich in sieben große Kapitel, die im Folgenden überblickartig dargestellt werden.

Physikalische Konzepte

Die Münchener städtische Kindertagestätte Felicitas-Füss-Straße, die das Kapitel eröffnet, ist zugleich auch das erste Beispiel für die oben erwähnte Themen- und Interessenbündelung unter einem Dach. „Kinder müssen draußen sein" — heißt das Motto des Teams unter Edeltraud Prokop. Gemeinsam haben sie die Freilandpädagogik entwickelt, mit der man zunächst belebte Natur, also Biologie, assoziiert. Das Prinzip Freiland meint jedoch auch, sich mit den physikalischen Phänomenen der Welt auseinander zu setzen. Zu fragen und zu erkunden, wie die verschiedenen Dinge draußen beschaffen sind, die Steine, das Holz, das Wasser … Und was man damit tun kann.

Unter diesem Gesichtspunkt verschafft ein Hammer Erfahrungen mit der Schwerkraft und den Hebelgesetzen. Eine Säge lässt die unterschiedliche Festigkeit von dürren, frischen, dicken oder dünnen Äste spüren. Ein schräg liegender Baumstamm beschleunigt das Herabkullern von Schrauben und man selbst ist auch davon betroffen, wenn man auf ihm balancieren will. Ein Phänomen, das später in der Grundschule am Beispiel der schiefen Ebene vertieft wird. Dass die Münchener Kinder solche Erfahrungen machen, haben wir dort selbst gesehen. „Magnetismus" dagegen stand Wochen vor unserem Besuch erstmalig auf der Tagesordnung, die Dokumentation dazu hing noch an der Magnettafel, die den Ausschlag dafür gegeben hatte. Andere physikalische Beobachtungen wie die des Wassers rücken immer wieder in den Fokus: im Winter etwa, wenn man sieht, dass Pfützen gefrieren, oder bei Regen, dass mehr Wasser in einen Becher passt, als man dachte — wegen der Oberflächenspannung … Wegen jener besonderen Offenheit für die Phänomene der unbelebten Natur, repräsentiert diese Einrichtung in unserem Buch dieses Thema, obschon sie sicher auch unter Biologie, Psychologie, Mathematik oder Sprache einen Platz hätte finden können.

Die Kulturwissenschaftlerin Gabriele König, die die Kinderakademie Fulda leitet, hat aus dem selben Grund ihren Platz in diesem Kapitel — sie ist offen für die Naturwissenschaften und darüber hinaus für Erzieherinnen und Lehrer, Kinder und Eltern. Um weiterzugeben, was sie in 13 abwechslungsreichen Akademie-Sommerprogrammen erfahren hat, lädt sie jetzt Lehramtsstudenten zum Mitgestalten ein. In der darauf folgenden Reportage geht es dann richtig zur Sache. An der Johann-Walling Schule in Borken läuft Physik auf allen Jahrgangskanälen. Lehrerin Stefanie Baumann hat als Studentin selbst an den so genannten Physik-Klassen-Kisten mitgearbeitet. Ihre eigene Freude am Experimentieren will sie auch an Kollegen weitergeben. Das ist bemerkenswert, denn: Grundschulen mit dem Schwerpunkt Naturwissenschaften kann man lange suchen. Zwar heißt es überall, „Ja klar, machen wir das, das müssen wir ja" – aber die meisten haben gerade erst damit begonnen. Verblüffende Beobachtung von Stefanie Baumann: Etliche der Grundschullehrer, die sie fortbildet, erklären sich physikalische Phänomene noch mit denselben intuitiven, aber teils falschen Theorien wie Kinder. So denken die meisten, dass eine Kerze sinkt und eine Nähnadel schwimmt. Dabei ist es genau anders herum.

Biologie

Näher als im Bauernhofkindergarten kann man der belebten Natur nicht sein. An diesem naturpädagogischen Konzept von Anne-Marie Muhs hat uns besonders die Idee fasziniert, dass diese Kinder nicht etwa realitätsfern in einem Bilderbuchidyll herumlaufen, sondern ganz direkt miterleben, wo und wie Äpfel, Kartoffeln und Rüben wachsen, und auch wo Koteletts herkommen. Es gibt ja bereits das Phänomen, dass Kinder künstliche Aromen bevorzugen, und diese für echter halten als den echten Geschmack von Himbeeren oder Vanille. Als Fachfrau haben wir die Freilandpädagogin Edeltraud Prokop befragt. Ihr Ideen- und Erfahrungsschatz, wie man Kindern die (belebte) Welt nahe bringt, ist schier unerschöpflich.

Die Umweltschule Würzburg-Heuchelhof schließt den Biologiebogen. Als wir dort in einer Wartepause vor der Schule im nahegelegenen Naturschutzgehölz herumstreiften, sahen wir – glückliches Bayern – zum ersten Mal eine Goldammer. Dabei ist die Autobahn in unmittelbarer Nähe. Als eine von rund 160 Unesco-Projektschulen gehören Nachhaltigkeit und Umweltschutz unbedingt ins Schulprogramm, doch ist es hier wie in allen Schulen und Kindertagesstätten: Wenn es eine Kultur des Engagements gibt, spürt man das schon an der Schwelle.

Noch kurz ein Blick über den Tellerrand der Erziehung: Biologie ist die Naturwissenschaft dieses Jahrhunderts und löst damit die Physik ab. So jedenfalls äußern sich etliche Wissenschaftler, Politiker, Ökonomen und Biotechniker. Sie denken dabei allerdings weniger an die Rettung von Wald, Wiesen und Bachläufen als vielmehr an veränderte Lebewesen aus den Laboren der Gentechnik, die sich aufgrund veränderter Zellstrukturen beispielsweise selbst vor Abgasen schützen sollen. Speziell gezüchtete Bäume und Mikroben, die Abgase und Müll einfach absorbieren oder auffressen, gibt es bereits. Der Physiker Freeman Dyson kann sich in einigen Jahrzehnten sogar eine Art Kosmos-Genbaukasten für Kinder vorstellen ...

Psychologie

„Kinder lernen von Menschen", sagt die Kindheitsforscherin Donata Elschenbroich oder, theoretischer formuliert: Lernen ist eine soziale Aktivität. Deswegen gehören psychische Konzepte auch zu denen, die schon sehr früh im Menschen angelegt werden. Der Bindungsforscher und Psychologe Karl Heinz Brisch sagt es in diesem Kapitel ganz pointiert: „Bindungsförderung muss vor Bildungsförderung stehen." Folgerichtig nehmen wir an dieser Stelle Beziehungen in den Fokus. Jeder Mensch braucht in jedem Alter gute und tragfähige Beziehungen, um sich entfalten zu können. Ein Gegenüber, das mich wohlwollend wiederspiegelt und der Dialog mit ihm sorgt für Wohlbefinden und ist die Grundlage für allen weiteren Wissenserwerb. Im Grunde ist es kaum zu glauben, dass diese Tatsache in unserer Gesellschaft so wenig Beachtung findet. Viel mehr Aufmerksamkeit erringen Schnelligkeit, Leistung, Geld, Macht, Wettbewerb. Gefühle und der eigene Rhythmus der Menschen bleiben dabei meist auf der Strecke. Kein Wunder, dass unsere Gesellschaft psychisch immer labiler wird. Bertolt Brecht schrieb: „Ich will mit dem gehen, den ich liebe, ich will nicht ausrechnen, was es kostet ..." Bloß keine Gefühlsduselei? Kinder leiden sehr unter einer lieblosen und beschleunigten Welt, vor allem, wenn ihre nächsten Bezugspersonen darin umherschlingern. Persönlichkeitsentwicklung, Supervision im Sinne fachlicher Begleitung und Reflexion sind wichtige Stichworte dieses Kapitels.

Mit der Frankfurter städtischen Kindertagesstätte 127 ist eine Einrichtung im Blick, die zu den ersten gehörte, die mit Psychologen kooperiert und dies als bereichernd empfunden haben. Zunächst erfolgte die Zusammenarbeit im Rahmen der Frankfurter Präventionsstudie, die zeigen konnte, dass die meisten auf ADHS-Syndrom diagnostizierten Kinder keine Medikamente brauchen, sondern Zuwendung. Im Fall von besonderen Auffälligkeiten erhielten sie zusätzliche psychotherapeutische Hilfe durch psychoanalytisch geschulte Fachkräfte. Die Projektteilnehmer haben den Kooperationsgedanken entgegen aller Gepflogenheiten und bürokratischer Umstände umgesetzt. Auch das ist beispielhaft, denn Veränderungen erfordern Fantasie und Beharrlichkeit.

Alle Kindertagesstätten sollten Supervision haben, lautet das Fazit dieser Kooperation. Gerade weil es in dieser komplexen Welt immer schwieriger wird, Kinder zu erziehen, weil Erzieherinnen und Eltern nicht auf alle Probleme vorbereitet sein können und weil schließlich die Anforderungen an alle immer weiter wachsen. Auslöser für die Umsetzung der Kooperationsidee war eine langjährige Studie von Angelika Wolff vom Frankfurter Institut für analytische Kinder- und Jugendpsychotherapie, die offenbarte, dass bei heranwachsenden Kindern mit schwerwiegenden Verhaltensauffälligkeiten sich die Probleme allesamt schon im Kindergartenalter abzeichneten. Welche Verantwortung — für uns alle.

Die Integrative Schule Frankfurt steht hier stellvertretend für die neue Bewegung „Eine Schule für alle". Kein Kind soll, aus welchen Gründen auch immer von einer Schulgemeinschaft ausgeschlossen sein. Wir haben diese Schule bereits an anderer Stelle vorgestellt und es gab eine empörte Leserreaktion: In einer privaten Schule könne man leicht guten Unterricht machen, man müsse ja nicht alle Schüler aufnehmen. Die Ausstattung (zwei Lehrer, eine Erzieherin, zwei Räume mit integrierter Küche) sei überdies für eine normale Schule unerreichbar. Einige Zeit später wurde in der Frankfurter Rundschau die Wiesbadener Helene-Lange-Schule porträtiert, eine staatliche Schule, die allerdings Modellstatus hat. Auch hier gab es einen erregten Leserbrief, offenbar von einer Lehrerin, die ähnlich argumentierte und sinngemäß schrieb, die anderen könnten leicht glänzen, „während wir hier die Drecksarbeit machen". Von einer Lernkultur sind diese Leserinnen weit entfernt. Kristin Gisbert meinte dazu, wer in diesem Zusammenhang von „Drecksarbeit" spreche, habe keine Konzepte, mit schwierigen Kindern umzugehen. Die aber gibt es — auch für staatliche Schulen. Keiner sagt, dass es einfach sei, doch auch für Lehrer gilt, dass es hilft, sich zu vernetzen, dass sie von anderen Menschen lernen und Unterstützung bekommen können. Gerade schwierige Kinder brauchen verlässliche Lernbegleiter. Gerade, wenn sie in problematischen Verhältnissen aufwachsen, sind sie auf gute Bindungsbeziehungen zu anderen Erwachsenen angewiesen. Dann können sie zu sich selbst und in sich einen Ruhepol finden.

Mathematik

Das Projekt „Komm mit ins Zahlenland" ist mathematische Frühförderung, die nicht allein aufs Zählenlernen beschränkt ist, sondern sich ganzheitlich versteht und deshalb Bewegung und Sprache ebenso beinhaltet wie erste Begegnungen mit geometrischen Körpern. Gerhard Friedrich hat das Programm entwickelt und kommt mit seinen Vorstellungen, wie man Pädagogik, Entwicklungspsychologie und Hirnforschung verknüpfen kann, selbst zu Wort.

Die Ausstattung der Sinuswerkstatt in Curslack-Neuengamme, (einer staatlichen Schule!) ist vom Feinsten. Wir fanden die Schule im Internet und blieben dort hängen, weil es auf der Homepage gemalte Kinderbilder zu sehen gab unter der Überschrift: Was ich an Weihnachten mit Mathe erlebt habe. An dieser Schule sprudelt es vor Ideen. Und dennoch muss man, wie anderswo auch, hin und wieder Spannungen aushalten. Just, als wir dort waren, hing im frisch renovierten und gemütlich ausgestatteten Lehrerzimmer die Schulkritik der Eltern wie eine dicke Gewitterwolke und die Sinuskoordinatorin Ulrike Schönfeld saß mittendrin, heiser vom letzten Elternabend. Reibungsverluste nennt man das. Dabei hatten wir zuvor erlebt, wie hingebungsvoll sie mit „ihren Kindern" umging. Man kann davon ausgehen, dass alle Beteiligten das Beste für die Kinder im Sinn haben.

Um Reibungsverluste dieser Art zu vermeiden, sollte es bundesweit Schul-Mediatoren geben, die nichts anderes zu tun hätten, als von Schule zu Schule zu reisen. Wo immer sie angefordert würden, könnten sie behutsam diejenigen Punkte aufspüren, wo es knirscht, und helfen gemeinsame Wege zu finden.

Sprache

Bitten, Bedanken, Lügen, Fluchen, Erinnern – all das lernen Kinder im Dialog mit ihren ersten Bezugspersonen. In den Familien wird also der Grundstock dafür gelegt, wie viele Worte sie lernen und wie sie dementsprechend ihr Denken entwickeln und andere verstehen können. Genau da liegt der erste Bildungs-Knackpunkt: Lebt die Familienkultur von kurzen oder langen Dialogen? Ist es laut oder still? Wird den Kindern zugehört? Wird Zeitung gelesen? All das prägt die frühe Sprachkompetenz.

Entscheidend ist auch, ob das Kind in seiner Muttersprache zu Wort kommen kann. Die Muttersprache ist die Herzenssprache, die der Gefühle. Daher ist es umso wichtiger, dass Kinder von Migranten diese Sprache im Alltag wieder finden, sich wertgeschätzt fühlen und sich auf diese Weise leichter mit einer weiteren Sprache anfreunden können. Die vorgestellte deutsch-italienische Kindertagesstätte sowie Marianne Wiedenmann haben solche Kinder besonders im Blick. Marianne Wiedenmann ist aber auch eine Botschafterin des Hörens und eine Kämpferin gegen den Lärm an Schulen und in Familien. Hören ist eine verkannte Kulturtechnik. Wenn es ums Sprechen-, Lesen und Schreibenlernen geht, denkt kaum jemand daran, dass dafür die Fähigkeit des Zuhörens und Heraushörens von Lauten unerlässlich ist – deswegen ist dies Thema der Schulreportage.

Da die Ohren nicht wie die Augen geschlossen werden können, müssen Kinder lernen, sich inmitten anderer Geräusche auf einen ausgewählten Reiz zu konzentrieren. Manche schaffen das nicht und folgen dann nur noch den Bewegungen der Lehrerin, ohne ihr zuhören zu können. Mit solchen Kindern muss man Zuhören trainieren. Dass durch die Art des Vortrags Hörergebnisse mit beeinflussen können, ist eine Erkenntnis, die von Coachingexperten bereits genutzt wird, von Lehrern in ihrer Unterrichtsstruktur hingegen selten. Unterrichtsanalysen zufolge stellen manche Lehrer zwei Fragen pro Minute – ihre Schüler dagegen kommen auf eine im Monat.

Wer sich für Hörerlebnisse sensibilisiert, kann seine Umgebung neu erfahren. Eigentlich handelt es sich eher um eine Resensibilisierung, denn Hören zählt zu den frühesten Sinneswahrnehmungen eines Embryos. Kurz nach der Geburt erkennt der Säugling die Mutter an ihren Herztönen und ihrer Stimme. Vier Wochen später kann er bereits Mutter- und Fremdsprache unterscheiden. Mit zunehmendem Alter des Kindes tritt dann jedoch das Sprechen- und Lesenlernen in den Vordergrund. Diese Sprachfertigkeiten werden im Gegensatz zum Hören ständig wiederholt, geübt, abgefragt. Dabei ist die Lautwahrnehmung auch elementar für das Lesenlernen.

Dazu ist auch wissenswert, was die Gedächtnisforschung über akustische Wahrnehmung herausgefunden hat: Nach einem Modell des Wissenschaftlers Alan Baddeleys etwa wandert gehörte Sprache direkt in das sprachliche Kurzzeitgedächtnis, gelesene wird dagegen in Lautwahrnehmung umgewandelt und erst dann ins Arbeitsgedächtnis übertragen. Auch unerwünschte akustische Reize, wie etwa Straßen- oder Fluglärm, gehen direkt in den sprachlichen Kurzspeicher ein und blockieren im Zweifelsfall den Platz, der für andere Informationen gebraucht würde.

Metakognition

Erzieher und Pädagoginnen, die nach dem „metakognitiven Ansatz" arbeiten, beherrschen die große Kunst der Zurückhaltung: Sie geben nicht sofort Antworten, sondern den Kindern zunächst einmal die Gelegenheit nachzudenken. Sind deren Überlegungen und Vorstellungen zusammengetragen, müssen diese erst mal bewiesen oder widerlegt werden. Anschließend bietet eine Rekapitulation die Gelegenheit, sich und den Kindern bewusst zu machen, was man nun gerade herausgefunden hat und wie.

Dazu gab es 1998 eine spannende dänische Studie von Stig Broström, die sich mit Lernkonzepten von Erwachsenen und Kindern beschäftigte. Die Wissenschaftler verglichen das Lernverhalten von Kindergartenkindern aus den USA und Dänemark und hoben dabei die unterschiedliche Auswirkung der jeweiligen Lernkonzepte hervor. Zunächst skizziert die Untersuchung die unterschiedliche Herangehensweise: Die amerikanischen Kinder wurden von ihrem Verhalten her als „ehrgeizige Schüler" charakterisiert und die angewandten Methoden, um ihnen etwas zu vermitteln, als eher akademisch. Im Gegensatz dazu wurden die dänischen Kinder als „kleine Philosophen und Künstler" beschrieben und der Ansatz der dortigen Erzieherinnen eher als spielzentriert. Als weiterer Unterschied wurde benannt, dass die Initiative für spielerische Aktivitäten in den USA von Erzieherinnen ausging, in Dänemark von den Kindern. Das Ergebnis dieses Vergleichs in Bezug auf die Qualität des Lernens war verblüffend: Die amerikanischen Lernkonzepte versetzten die Kinder nicht in die Lage, selbstständig und nach Absprache gemeinsam zu arbeiten, während die an die dänischen Konzepte gewöhnten

Kinder dagegen genau jenes gemeinschaftliche Arbeiten auszeichnen. Auch hier offenbart sich also das Lernen als soziale Aktivität. Dementsprechend zeigen unsere Reportage-Beispiele pädagogische Ansätze, die einen besonders großen Wert auf die Persönlichkeitsbildung der Kinder und den ständigen Dialog aller miteinander legen.

Zum „Freien Lernen" noch ein augenzwinkerndes Gedicht von Erich Fried, das wir an der Pinnwand der Aktiven Schule in Frankfurt gefunden haben:

Die Üste hat die freie Wahl,
wählt sie ein W, so ist sie kahl
wählt sie ein K, so ist sie nass
die freie Wahl macht keinen Spaß.

Übergänge

Der Übergang zwischen Kindergarten und Schule ist für viele Familien ein tiefer Einschnitt. Das ist nichts Neues und schon lange fordern Familienforscher wie Wassilios E. Fthenakis die Pädagogen dazu auf, sich mit diesen Übergängen auseinander zu setzen. Die internationalen Forschungsergebnisse zu diesem Thema sind reichhaltig, untersucht werden verschiedenste Übergänge im familiären Bereich, auch Prozesse wie Arbeitslosigkeit, Scheidung oder Übergang zur Elternschaft.

Unstrittig ist in diesem Zusammenhang: Menschen in Übergängen müssen sich neu organisieren. Wenn beispielsweise aus Erwachsenen Eltern werden, müssen sie ihre Netzwerke umgestalten — einem Kind, das in die Schule kommt, geht es genau so: Es definiert sich neu und ein jedes reagiert unterschiedlich. Manche Kinder ziehen sich zurück, andere werden aggressiv, wieder andere greifen auf bekannte soziale Netze zurück. Brüche und Übergänge gehören zum Leben und Kinder müssen lernen, damit umzugehen. Das können sie auch durchaus, wenn sie dabei Unterstützung erhalten. Und das ist keine Frage der Systeme, sondern der Einstellung jedes einzelnen Erwachsenen und seines Bildes vom Kind.

Von einer gelungenen Kooperation zwischen Kindertagesstätte und Grundschule profitieren alle Beteiligten. Fließende Übergänge schaffen heißt ja nicht, dass nun alle Wege eben sind, und doch wächst während eines solchen Prozesses das Verständnis füreinander. Die Befürworter sind überzeugt: Bei dieser Form des Begleitens erhalten Kinder eine Portion Selbstvertrauen mit auf den Weg, die sie für künftige Übergangssituationen bestens ausstattet. Selbstbewusstsein macht stark, ebenso das Gefühl der Selbstwirksamkeit, das heißt die Erfahrung, Dinge mitbestimmen und etwas bewirken zu können. Kooperation auf Erwachsenenebene bedeutet: aufeinander einzugehen, Verständnis aufbringen zu wollen, zusammen anzupacken. Dies kann für die Erzieherinnen sehr viel an Wertschätzung bedeuten, was sich auch im Umgang mit den Kindern niederschlägt. Auch für die Lehrkräfte bedeutet die Öffnung, sich dem Blick der anderen auszusetzen und neu zu definieren. Und auch sie können Anerkennung gut gebrauchen.

Wir danken an dieser Stelle allen Kindern, die wir im Rahmen dieses Buchprojekts getroffen haben, für ihre Geduld, ihre Bereitschaft, uns etwas zu erzählen, zu zeigen und zu erklären. Und ebenfalls allen Erwachsenen für das Erzählen, Zuhören, Öffnen von Türen, für das Diskutieren und Aushalten von verschiedenen Ansichten und Blickwinkeln.

Physik

Physikalische Konzepte – Wie ist meine Welt beschaffen?

Fast als wäre es Neuland, entdecken Erzieherinnen und Pädagogen derzeit die Naturwissenschaften für sich und ihre Arbeit. Dass Physik gerade für die frühe Bildung spannend ist, lag lange Zeit außerhalb des Blickfelds. Dabei sind Kinder schon immer ebenso philosophische wie leidenschaftliche Erforscher von Phänomenen. Sie stellen knifflige Fragen wie: Warum fällt die Sonne nicht vom Himmel?, die uns Erwachsenen gar nicht mehr in den Sinn kommen.

Dass Materialien verschieden sind, bemerken Kinder schon sehr früh. Werfe ich einen Holzklotz zu Boden, ergibt sich ein anderes Geräusch, als wenn ich das mit meinem Trinkbecher mache – von der ebenso interessanten Reaktion des großen Menschen einmal abgesehen. Krabbelkinder, die Holzklötze in den Mund stecken oder damit abwechselnd auf ein Sofa oder den Boden schlagen, betreiben nichts anderes als Materialstudien. Spuren solcher sinnlichen Erkundungen sind für jeden Erwachsenen noch abrufbar. Man muss nicht mehr am Holz oder an der Eisenstange lecken, um zu wissen, wie sich das anfühlt oder wie das schmeckt.

Ein erstes regelrechtes Konzept von Materie haben bereits Dreijährige erworben, wenn sie den Unterschied zwischen vorgestellten und realen Objekten beschreiben können und wissen, dass man nur ein echtes Plätzchen essen kann, nicht aber ein gedachtes oder geträumtes. Das intuitive Materialverständnis von Vorschulkindern unterscheidet sich allerdings noch deutlich von dem der Erwachsenen: So denken sie etwa, Dinge mit Löchern, wie ein Schwamm oder ein perforiertes Holzbrett, gingen im Wasser unter. Zudem setzen sie Dichte mit Gewicht gleich und glauben, Styropor wiege nichts oder Luft sei einfach nichts. Das allerdings ist kein fehlerhaftes Denken, sondern „intuitive Theorie".

Unsere Reportagebeispiele geben Einblicke in aktuelle pädagogische Konzepte, die Naturwissenschaften ganz selbstverständlich in den Alltag einbeziehen und das Kind mit seinen Vorstellungen als Ausgangspunkt nehmen. Schließlich geht es nicht darum, Fächer zu unterrichten, sondern Kinder. Diese Ansicht vertritt auch Gabriele König von der Kinderakademie Fulda, die in diesem Kapitel zu Wort kommt. Dass Kinder gern forschen und tüfteln, zeigt sich besonders, wenn die Experimente oder Beobachtungen etwas mit ihrem Leben zu tun haben. Die neuen Erkenntnisse und die damit verbundene Anerkennung tragen überdies zum Selbstwertgefühl bei – die perfekte Motivation.

Forschergeist in Windeln

Schiefe Ebenen erklimmen, die Festigkeit verschiedener Materialien erkunden oder fragen, warum eine Pfütze gefriert – Gelegenheit zum Forschen haben die Kinder der städtischen Münchener Freilandkindertagesstätte draußen am Flussufer oder im Wald, aber auch im hauseigenen Garten.

Mit einem Rumms! kracht der Hammer auf den Baumstumpf. Sofort schwingt der vierjährige Markus ihn wieder hoch über seinen Kopf und lässt dann erneut das morsche Holz splittern. Ein paar Meter weiter sägt der dreijährige Sascha tote Äste ab, Verena sucht sich einen kleinen Hammer und eine ruhige Stelle und Markus' zweijähriger Bruder will heute den Schraubenzieher ausprobieren. Diese Jungen und Mädchen besuchen eine Kindertagesstätte, die mit einem bundesweit einzigartigen Freilandkonzept schon für Krippenkinder

arbeitet. Dass die Kinder im Wald mit Sägen, Feilen, Hämmern oder Holzbohrern an umgestürzten Bäumen werkeln, lässt unvorbereiteten Beobachtern den Atem stocken. Die Erzieherinnen jedoch bleiben gelassen – sie wissen genau, was die Kleinen können.

Es handelt sich um eine der beiden „Basisgruppen", in der jeweils zwölf Kinder betreut werden. Jeden Tag und bei jedem Wetter ziehen sie morgens hinaus und kehren zwischen 13 und 15 Uhr zurück in die Einrich-

Unterm Hammer: der Baumstumpf splittert

tung. Draußen toben sie nicht nur einfach herum, sondern betreiben regelrecht „Feldarbeit". Meist sind es naturwissenschaftliche Phänomene, die sie aus erster Hand beobachten: Regentropfen, gefrorene Pfützen oder dass eine Anhöhe mühsamer zu erklimmen ist als ebenerdiges Gelände. Mit ihrer unbändigen Neugier liefern die kleinen Forscher Themen zuhauf, die sich in der Einrichtung wunderbar vertiefen lassen, freut sich Leiterin Edeltraud Prokop. Das erfordert natürlich Erzieherinnen, die jenes Staunen und Wissenwollen zurückspiegeln. Bei Fragen, die sich nicht vor Ort klären lassen, wird in der Kindertagesstätte gemeinsam nach Antworten gesucht, manchmal auch durch den Besuch bei Experten. So ergab sich etwa aus der Frage, warum an der Isar rosafarbene, grüne und weiße Steine liegen, erst ein Museumsbesuch und daraufhin die Zusammenarbeit mit dem dort zuständigen Geologen. Die Beobachtung von Regentropfen wuchs sich zum Projekt „Oberflächenspannung" für die ganze Einrichtung aus.

Kindern mehr zutrauen

Die Idee, täglich auch schon mit Krippenkindern nach draußen zu gehen, entwickelte Krippenleiterin Edeltraud Prokop, weil ihr die Bewegungs- wie Bildungsmöglichkeiten innerhalb des Hauses zu beschränkt erschienen. Vor allem für Kinder, die bis zu zehneinhalb Stunden da waren. Kritisch hinterfragte sie damals das gesamte Bildungskonzept und suchte neue Wege. Die Freilandpädagogik ist einer davon. Im Gegensatz zu den Waldkindergärten gehen die Münchener Freilandkinder jedoch „ins Gelände". Das umfasst Stadtlandschaften ebenso wie Flussufer, Wald und Feld. Ein weiterer Unterschied zum Waldpädagogikkonzept sind die festen Räume, die den Basisgruppen nach ihrer Rückkehr zum Ausruhen und Aufarbeiten des Erlebten zur Verfügung stehen. Nachmittags ist die umfangreich bestückte Werkstatt beliebt. Kreative finden dort Materialien wie Ton, Holzplatten oder Silberdraht, und Forscher können ihre Fundstücke vom Ausflug unterm Mikroskop betrachten oder mit verschiedenen Werkzeugen bearbeiten.

Dass heute Schere, Säge, Rohrzange & Co. mit in den Wald genommen wurden, war ein Wunsch der Kinder. Vorher allerdings haben sie gelernt, wie man damit umgeht. Ein „Dafür bist du noch zu klein" ist in dieser Einrichtung tabu. Schon Zweijährige bekommen ein Messer in die Hand und streichen sich Butter auf ihr Frühstücksbrot. Offensichtlich bestärkt und fördert dieses Vertrauen der Erwachsenen die Umsicht und Fähigkeiten der Kleinen. Als erstes lernen Freilandkinder, wie man sich an auffälligen Punkten im Gelände orientiert, damit sie sich nicht verlaufen — etwas, das mancher Erwachsene kaum beherrscht. Neben vielfältigen Beobachtungsmöglichkeiten bietet das Gelände auch die Chance, den eigenen Körper besser einschätzen zu lernen. Für Einjährige etwa, die gerade laufen lernen, ist der Wald eine Herausforderung. Plötzlich kommt eine Mulde oder es liegt Holz herum, eine Brombeerranke hakt am Ärmel … Prokop sieht darin ein erstklassiges Übungsterrain: „Da können Sie zuschauen, wie die tageweise geschickter werden und ihr Gleichgewicht üben. Das lässt sich nicht einmal pro Woche in der Turnhalle trainieren."

Vielfältige Anregungen gibt es auch im Haus selbst. So waren die Kinder von den neu angebrachten Magnettafeln derart fasziniert, dass Fragen zum Magnetismus zwangsläufig in den Fokus gerieten und zu einer ausführlichen Auseinandersetzung führten. Derartige Projekte werden in der offen gestalteten Einrichtung so platziert, dass auch die Krippenkinder Zugang zu allen gerade im Mittelpunkt stehenden Aktionen und Materialien haben. Für Edeltraud Prokop und ihr Team gibt es kein Thema, das sich nicht auch für Kinder eignet. Dieser Geist durchzieht die gesamte Ausstattung der Kita. Im Bauraum etwa hängen Poster von beeindruckenden Gebäuden an der Wand, die regelmäßig ausgewechselt werden. Draußen im Garten gibt es unter anderem eine Kranwinde. Hintergedanke bei alldem ist die Aufforderung zum Selbertun, denn im Zentrum des Freilandkonzepts steht wie beim Situationsansatz das Interesse des Kindes: Lernprojekte erwachsen aus den Fragen der Kinder, nicht den Vorgaben des Krippenteams. „Deswegen denken die Leute oft, wir tun gar nix", greift Leiterin Prokop ein gängiges Missverständnis auf. Selbstverständlich gebe es Anregungen für die Kinder. Denn, „Wer den Wald nicht kennt oder die Musik, wird auch keine Fragen dazu haben", betont die Pädagogin. Ihr Credo: Bildung beginnt bei der Geburt.

Mitstaunen und Impulse geben

Je nach Schwerpunkt der Erzieherinnen werden Musikinstrumente vorgestellt, Märchen erzählt oder Englischsprachspiele gemacht. Die Teilnahme ist freiwillig und die Kinder haben die Gewissheit, nichts zu verpassen, denn alle Angebote werden regelmäßig wiederholt. So pendelt das Erzieherinnenteam zwischen dem bewussten Wahrnehmen der Kinderinteressen und dem Bereitstellen von anregendem, ihnen unbekanntem Material, um Impulse zu geben. An den Magnettafeln der Einrichtung und in Ordnern dokumentieren Fotos und schriftlich festgehaltene Anekdoten die persönlichen „Lerngeschichten" und damit den Wissensdurst und die Lernfortschritte der Kinder. Ein Klemmbrett für Notizen haben die Erzieherinnen jederzeit griffbereit.

Auch im Wald fehlt es nicht, wo Claudia Gahmig gerade aufmerksam ein turbulentes Nachlaufspiel beobachtet. Nach einer langen Phase konzentrierten Arbeitens mit den Werkzeugen, das bei manchen fast meditativ wirkt, kommt den Kindern dieses ausgelassene Tobespiel jetzt gerade recht. Daniel hat es angestoßen und nach seinen Ideen spielt jetzt fast die ganze Gruppe mit Gekreisch und Gerenne eine Kinderbuchgeschichte nach, in der es um einen Wolf und Gift geht. Der Fünfjährige hat auch gleich die entsprechenden Rollen zugeteilt. Gahmig notiert, wie er eine lockere Führung übernommen hat, ohne die anderen zu „befehligen". Das Erfassen und Dokumentieren solcher Aktivitäten in Bildungsportfolios oder Lerngeschichten sind Qualitätsmerkmale guter Kindertageseinrichtungen.

„Reif" fürs Freiland sind Kinder, sobald sie laufen können. Neu zusammengesetzte Gruppen gehen zunächst nur für eine Stunde auf Tour. Die Verlängerung folgt bald, denn „die Kleinen gewöhnen sich schnell ans Laufen – unsere hier haben eine prima Kondition", kommentiert Erzieherin Daniela Bördner die Entwicklung der Zwei- bis Vierjährigen, die seit einem Jahr in einer Gruppe sind. Neues gibt es überall zu sehen und Wind, Regen oder Kälte stören dabei nicht, wie das Verhalten der Kinder bei einem kurzen Schauer im Wald zeigt – ungerührt spielen oder essen die kleinen „Waldarbeiter" weiter. Sinkt die Temperatur auf Minusgrade kurz unter den Nullpunkt, gibt es heiße Brühe, nur bei strengem Frost wird ausgesetzt.

„Viele Dinge würden wir den Kindern schon wieder nicht zugänglich machen, wenn wir bei Regen sagen würden ,Jetzt gehen wir nicht raus' und bei Schnee ,Es ist zu kalt'...", betont die Erfinderin der Freilandpädagogik. Schließlich gebe es auch im Winter viel zu entdecken. „Die Pfützen sind gefroren, warum? Vorher konnte man da reinspringen. Diese Phänomene erleben sie draußen ganz intensiv." Natürlich könne man als Erzieherin auch sagen: „Heute beschäftigen wir uns mit dem Thema ,Warum gefriert Wasser?'" Damit lässt sich der in Bildungs- und Erziehungsplänen eingeforderte Punkt Physik problemlos abhaken, fragt sich nur, ob die Kinder dann auch aufnahmebereit sind. Und, das ist mittlerweile unstrittig, nur wer interessiert ist, lernt.

Daniel führt
das Tobespiel an

Kommen gut an: Workshops zum Tüfteln und Forschen – Interview mit der Kulturwissenschaftlerin Dr. Gabriele König

Hauptanliegen der stellvertretenden Direktorin der Kinder-Akademie Fulda (KAF) ist es, Kindern spielerisch Wissen nahe zu bringen. Vor diesem Hintergrund finden in der KAF auch Fortbildungen für Erzieherinnen und eine Zusammenarbeit mit Lehramtsstudenten statt. Die Idee, letztere in die Konzeption und Durchführung der Sommerakademie-Workshops einzubeziehen, resultiert nicht zuletzt aus den Schulerfahrungen der beiden Kinder von Gabriele König (42).

SM *Begehbares Herz, Himmelskörper, Paragraphen – die Schwerpunkte Ihrer Ausstellungen und Workshops sind breit gefächert. Nach welchen Gesichtspunkten wählen Sie die Themen aus?*

GK Der Sommer 2008 steht unter dem Motto Geowissenschaften — das resultiert sicher nicht zuletzt aus dem allgegenwärtigen Stichwort „Klimaschutz". Grundsätzlich aber suchen wir immer nach Themen, die nicht auf den ersten Blick Kinderthemen, wie etwa „Ritter" oder „Indianer", sind, auch wenn wir wissen und anerkennen, dass andere Veranstalter damit beachtliche Erfolge haben. Natürlich müssen wir dennoch Themen finden, bei denen Kooperationspartner mitziehen und für die sich auch finanzielle Partner finden lassen.

Das Reizvolle an der Kinder-Akademie Fulda ist, dass wir nicht auf Themen festgelegt sind, sodass die Spannung erhalten bleibt, welche als nächstes aufgegriffen werden. Das entspricht auch den unterschiedlichen Interessen und Kompetenzen der Kinder. Wenn jeder für sich alleine etwas gut kann, etwa bei Musik, ergibt das ja noch lange kein gutes Zusammenspiel. Man muss schon auf andere hören können, damit es gut klingt. Die Auseinandersetzung mit Musik fördert also ganz andere Fähigkeiten als etwa die Biologie, bei der Sammeln, Beobachten, Zeichnen und Bestimmen wichtig sind, eine Arbeitsweise, für die Teamarbeit nicht die Voraussetzung ist.

SM *Hat sich die Resonanz auf Ihre Angebote gewandelt?*

GK Vor dreizehn Jahren begannen wir mit dem „Sommer der Erfindungen" und dachten, das machen wir einmal, ohne Fortsetzung. Aber dann ging daraus der erste Erfinderclub hervor, zunächst mit zehn Kindern. Wir waren sicher, mit der Zeit würde das Interesse daran abflachen. Aber weit gefehlt. Nach einem Vierteljahr zeigte sich, dass keines dieser Kinder aufhören mochte, sondern alle Feuer und Flamme fürs Erfinden geworden waren. Mittlerweile haben wir drei Kurse, einmal die Woche je zwei Stunden. Auch bei Schulen wächst die Nachfrage nach unseren Angeboten, bei denen etwa kleine Stromkreise oder Alarmanlagen gebaut werden. Offenbar treffen unsere Projekte hier auf eine Lücke. Das liegt sicher auch daran, dass Fächer wie Technik oder Handwerk mehr oder weniger aus dem Schulkurrikulum gestrichen wurden.

SM *Wie alt sind die Kinder in den Kursen?*

GK Schulklassen kommen ab der zweiten bis zur fünften Klasse und wir erhalten Zuwachs im Bereich der Vorschulkindergruppen, die die Experimentierreihen nutzen, etwa zum Thema Wasser. Woher kommt das Wasser? Wohin geht es? Was passiert mit dem Wasser im Haus? Bei diesem Projekt kooperieren wir mit dem lokalen Abwasserverband. Dort dürfen Kinder über Kameras in die Kanalisation schauen. Auf diesen Videobildern können die Kinder Mäuse oder auch Undefinierbares vorbeischwimmen sehen, eine aufregende Erfahrung für die Fünf- bis Sechsjährigen. Im Anschluss daran bauen sie eine Mini-Kläranlage: Dafür wird ein großer Eimer schmutziges Wasser zunächst durch einen Kaffeefilter geleitet und festgestellt, da ist noch viel Schmutz drin, so will es noch keiner trinken. Also muss man es immer feiner filtern. Kindergartenkinder haben großen Spaß an diesen Filtervorgängen, aber sie nehmen auch mit: Aha, man kriegt Wasser zwar wieder sauber, aber das macht mächtig Arbeit. Wir zielen darauf, ihre Wahrnehmung in diese Richtung zu schulen, ihnen zu zeigen, dass es sich lohnt, sorgsamer im Umgang mit Wasser zu sein.

SM *Welche Erfahrungen bringen denn die Kinder mit?*

GK Im Erfinderclub kann man davon ausgehen, dass die Kinder mehrheitlich technikaffin sind. Bei den Workshops mit Schulklassen jedoch merkt man schnell, dass viele noch nie einen Schraubenzieher in der Hand hatten oder bislang nur eine Heißklebepistole kennen. Auch bei unseren Kindergeburtstagsangeboten scheitern manche Kinder daran, eine Schraube ins Holz zu drehen. Da stehen wir daneben und staunen. Aber natürlich wissen wir, man kann nur kennen, was man schon einmal ausprobieren durfte. Solche Erfahrungen laufen kontradiktorisch zu der Klage, in Deutschland gebe es zu wenig Naturwissenschaftler und zu wenig Ingenieure. Ich bin davon überzeugt, dass niemand allein aufgrund eines Physik-Leistungskurses Ingenieur wird. Voraussetzung ist vielmehr, schon in jungen Jahren die Erfahrung gemacht zu haben, technische Lösungen finden zu wollen. Herz und Hand plus Verstand müssen im Spiel sein, um solche Berufswünsche entstehen zu lassen.

SM *Sie haben einmal in einem Vortrag vom „Versprechen des Lernens" gesprochen. Was meinen Sie damit?*

GK Lernen sollte Verheißung sein, nicht Pflicht. Nicht etwas Mühseliges, das man jemandem überstülpt, der es gar nicht haben will. Ich glaube, Kinder können ein gutes Gefühl dafür bekommen, dass ein solches Versprechen etwas Positives, eine Horizonterweiterung bedeutet. Man kann ihnen das sogar bewusst machen. Dazu ein Beispiel: In der Ausstellung „Hast du schon gehört" — es geht um die Geschichte der Kommunikation — begrüßen wir die Schulklassen mit den Worten: „Die Mädchen können alle wieder gehen, weil früher den Mädchen das Schreibenlernen verwehrt war. Aber auch von den Jungs lernten es nur ganz wenige, also kann leider auch nur ein Junge in dieser Ausstellung bleiben." Wenn wir von 24 Kindern 23 wieder rausschicken, dann sind alle Kinder sowie die Lehrer ziemlich verblüfft. Natürlich öffnen wir die Tür dann wieder und lassen alle herein, und danach kommt es in der Regel zu der gewollten Diskussion über Bildungspflicht oder Bildungsrecht und auch darüber, wie viel Wissen mit Macht zu tun hat.

SM *Haben Kinder heute weniger Basiswissen als früher?*

GK Ich war involviert in Donata Elschenbroichs Projekt „Weltwissen für Siebenjährige". Dabei haben wir festgestellt, dass für die älteren Interviewpartner das Tüfteln viel selbstverständlicher war. Die Nachkriegsgeneration musste einfach aufgrund von Mangel erfinderisch sein. Insofern ist das Nichtwissen der Kinder heute auch ein Ergebnis der Saturiertheit unserer Gesellschaft. Unsere Gesellschaft, nicht nur die Kinder, bedient sich fertiger Produkte. Keiner muss seine Fantasie einsetzen, um selbst Pfeil und Bogen machen, alles gibt es schon fertig, bunt, zellophanverpackt. Einfacher und vermeintlich schöner. „Vermeintlich", denn einmal selber einen Drachen gebastelt zu haben, auch wenn der vielleicht nicht so klasse fliegt, ist doch eigentlich erhebender, als den fertigen Drachen auszuwickeln und fliegen zu lassen.

SM *Und doch haben Sie eine große Nachfrage nach Workshops, wo Kinder etwas selbst bauen sollen, wie etwa eine Alarmanlage oder diese Lämpchen.*

GK Das ist natürlich auch PISA geschuldet. Schulen suchen nach Angeboten, Eltern sind bildungsaffiner und zunehmend bereit, eigentlich auch wieder für ein fertiges Produkt zu bezahlen. Viele Eltern können aufgrund ihrer Eingebundenheit in den Beruf viele Dinge selbst nicht mehr leisten. Grundsätzlich wird natürlich auch weniger repariert, sondern einfach neu gekauft.

SM   *Also ist es die Nachfrage der Erwachsenen. Wie reagieren die Kinder?*

GK   Die haben Spaß an unseren Angeboten. Wenn man ihnen ein Brett hinlegt, eine Batterie und Draht und sagt: „Jetzt musst du daraus was bauen, das leuchtet und das man ein- und ausschalten kann", dann fragen sie, „Was? Das kann man selber? Das kann man nicht nur kaufen?" Manche glauben, wenn man ein Produkt kaufen kann, wurde es nicht von einem Menschen gemacht.

SM   *Hat der Erfolg der Workshops vielleicht mit dem Stichwort „Hands on" zu tun?*

GK   Sicher. Wobei ich eigentlich unglücklich bin mit diesem Begriff oder der Übersetzung von „Hands on. Ich bin davon überzeugt, dass „Anfassen" an sich keine Qualität ist. Ein Beispiel. Im Herbst 2006 hatten wir das große Bild „Anna selbdritt" von Georg Baselitz in einer Ausstellung. Abgebildet waren die Heilige Anna, Maria und Jesus — eine Collage aus Stoff. Hätten die Besucher das angefasst, wäre ihr Erkenntnisgewinn gleich null gewesen und Georg Baselitz und ich hätten einen Herzinfarkt gekriegt. Viel wichtiger ist doch die Auseinandersetzung mit dem Werk und dessen Aussage. Warum kommt jemand auf die Idee, Dinge auf den Kopf zu stellen? Was will er uns damit sagen? Und deshalb ist mit dem Prinzip „Hands on" eigentlich gemeint: Denk mal darüber nach, versuch' selber mal etwas Ähnliches.

SM   *Was wäre denn der bessere Begriff?*

GK   Eindeutig: „Minds on".

Physik zum Anfassen

Warum ein Schiff schwimmt, dass eine Nadel dagegen untergeht, eine Kerze wiederum nicht, wissen die Grundschüler der Borkener Johann-Walling Schule durch pfiffige Experimente und haben damit mehr physikalisches Know-how als mancher Erwachsene.

Noch ein Küsschen für Papa, dann hopst der sechsjährige Colyn zu seinem Platz. Beim Hinausgehen fragt sein Vater die Klassenlehrerin: „Was passiert denn heute?" – „Schwimmen und Sinken", antwortet Stefanie Baumann mit eiligem Lächeln, denn ein Stau hat ihren Zeitplan durcheinandergewirbelt. „Physik?", der Vater hebt den Daumen, „Klasse!". Zwar ist die 1b erst in der übernächsten Stunde dran, doch die vorbereiteten Bild- und Textkarten sollen noch an die Tafel, damit sie nachher gleich loslegen kann. Geschafft. Die

junge Lehrerin packt Kisten, Arbeitsblätter und eine dicke Mappe zusammen und eilt in großen Schritte davon, um nicht zu spät zu ihren Drittklässern kommen, denen sie Sachkundeunterricht erteilt. Heute steht Physik auf dem Plan der Neun- bis Elfjährigen, es geht um Verdrängung: Was passiert mit dem Wasser, wenn ich etwas eintauche? Auf ihr Zeichen wird fix ein Stuhlkreis gebildet und dann ertönt ein artiges „Gu-ten Mor-gen Frau Bau-mann". „Wisst ihr noch, welche Vermutungen wir letzte Woche zum Thema Ver-

Station 2: Kugeln im Becher

drängung gesammelt haben?", erteilt sie den Kindern das Wort und fragt nach den Antworten direkt weiter: „Was denkst du dazu?" Die Aufforderung, selbst Vorstellungen zu entwickeln, ist der rote Faden ihres Unterrichts. Nur hin und wieder steuert sie ein wenig: „Du kannst auch etwas anderes sagen" – gemeint ist „etwas anderes" als der Vorredner, der vielleicht ein Superschüler ist und dem man nicht zu widersprechen wagt, auch wenn man etwas anderes denkt.

Selbstständiges Denken will gelernt sein. Stefanie Baumann trainiert es unauffällig, aber zielsicher: „Können wir schon sagen, das ist falsch?" Clara weiß: „Nein. Das müssen wir beobachten." Und auf die Frage, wie das sei, bevor man etwas erforscht habe, antwortet Mara: „Man fühlt sich nicht so gut, man weiß nicht, was man sagen soll. Die Lehrerin will es genauer wissen, „Und wenn man etwas überlegt hat?" Man müsse „jede Idee

herausforschen", formuliert der pfiffige Maurice und dann holt David aus: „Man kann's nicht sagen, weil Galileo hat auch gesagt, die Erde ist rund und dreht sich und die anderen haben gesagt, sie ist gerade und dreht sich nicht." Der Junge hat's kapiert, Baumann lächelt. Und weil es darum gehen soll, Beweise für die eigenen Ideen zu liefern, folgt jetzt sofort die Praxis im Labor.

Die Arbeitsstationen sind schon vorbereitet. „Würfel im Becher" heißt der Versuch an „Station 1". Esther führt ihn gerade zum dritten Mal durch, markiert wieder mit dem Filzstift den Wasserstand im Becher, den sie schon zweimal abgewischt hat, und taucht erneut die gleich großen, aber unterschiedlich schweren Klötze ins Wasser. Sie fixiert die dünne Wasserlinie und zieht sie mit dem Filzer nach. Schließlich bricht beim Untertauchen des dritten und leichtesten Würfels das Staunen aus ihr heraus: „Ich hab' gedacht, der Strich müsste tiefer sein!" Aber sowohl der schwere Steinwürfel als auch die unterschiedlich schweren Fichten- und Tropenholzwürfel zeigen nach dem Untertauchen denselben Wasserstand. Esther ist beeindruckt und notiert das Beobachtete auf ihrem Arbeitsblatt. Eine andere Station variiert das Thema mit Kugeln, die unterschiedlich groß, aber gleich schwer sind und damit verschiedene Wasserstände ergeben. So erkennen die Jungforscher immer wieder: Im Wasser ist nicht das Gewicht, sondern die Größe entscheidend. Damit sie die insgesamt fünf Versuche auf einen Nenner bringen können, ist eine darauffolgende Nacharbeit im Gesprächskreis sehr wichtig.

Staunen für alle

Bereits der kurze Einblick zeigt, warum die Borkener das Fach Physik weder langweilig noch trocken finden. Lehrer, Kinder und Eltern freuen sich auf die Stunden, weil das staunende Lernen beim Experimentieren allen so viel Spaß macht. Die Anschaulichkeit verdankt der Unterricht der klug durchdachten Klassenkiste „Schwimmen und Sinken". Ähnliche Boxen gibt es auch zu anderen Themen, wie Luftdruck oder Schall. Entwickelt wurden sie im Seminar für Didaktik der Universität Münster. Projektleiterin Kornelia Möller legt dabei großen Wert auf die enge Zusammenarbeit mit Lehrern und deren Rückmeldungen aus der Praxis. So ist der Professorin ein großer Wurf gelungen, denn guten Physik- oder anderen naturwissenschaftlichen Unterricht muss man an Grundschulen noch immer mit der Lupe suchen. Allerdings bewegt sich endlich etwas, nicht zuletzt durch die Fortbildungen im Rahmen des Klassenkistenprojekts, die auch mit dem Sinusprogramm der Bund-Länderkommission (BLK) verknüpft sind. Das vor zehn Jahren gegründeten BLK-Programm wird zwar meist mit Mathematik assoziiert, hatte jedoch von Anfang an die Naturwissenschaften als zweiten Schwerpunkt.

Um eigenständig Physik- oder Chemieversuche vorzubereiten, fehlen vielen Grundschullehrerinnen noch immer die Grundlagen — daher kommen die durchdachten Klassenkisten gut an. Großteils wurden die Naturwissenschaften auch neu in die Lehrpläne eingeschrieben. So sind etwa in Bayern und Baden-Württemberg mittlerweile bestimmte Experimente vorgegeben. Das ist jedoch nicht unbedingt im Sinne der Klassenkisten-Erfinderinnen Kornelia Möller und Elsbeth Stern. Im Gegenteil, die Freude am Entdecken und Weiterforschen sollte über die Unterrichtseinheit hinaus geweckt werden. Im Rahmen der Münsteraner Kooperation zwischen Schule und Universität bildet Stefanie Baumann als Klassenkistenexpertin Kollegen weiter, gefördert wird das Projekt vom Land Nordrhein-Westfalen und der Telekom-Stiftung. Aus ihrer Erfahrung heraus befürchtet Baumann, dass Lehrer durch solche genauen Vorgaben nur die geforderten Experimente abhaken und nicht weiter einsteigen.

Das wäre schade. Denn die Experimente aus den Kisten sind offenbar auch für Lehrer mitreißend. Immer wieder höre die Lehrerin: „Das hätte ich als Kind auch gern mal gemacht, dann hätte ich viel mehr begriffen." Außerdem sind ihrer Meinung nach die Kisten-Experimente mehr auf die Kinder zugeschnitten als die in Schulbüchern. Dort orientierte sich die Auswahl der Experimente meist an Materialien, die Lehrer leicht besorgen könnten, bei den Münsteraner Kisten hingegen seien diese so ausgewählt, dass sie an die speziellen Vorstellungen der Kinder anknüpfen. Also an Theorien wie: „Alles geht unter, was Löcher hat" oder „Plastik schwimmt". In der Kiste finden sich deshalb ein Holzbrett sowie eine Styroporplatte mit Löchern und ein Plastikmesser, die das Gegenteil beweisen.

Die Hypothesen der Kinder sind erwartbar, das haben Studenten im Didaktikseminar der Universität Münster in Hunderten von Unterrichtsstunden herausgefunden. Durch entsprechende Materialien in den Klassenkisten können Vermutungen verifiziert oder verworfen werden. Letzteres sei übrigens das Schwierigere, erzählt Baumann. Sie wiederhole bestimmte Dinge deshalb regelmäßig, damit sich bei den Kindern nicht wieder die alten Vorstellungen vor das neu Gelernte schieben. Begeistert seien die Schüler, wenn sie zuhause ihre Eltern zum Staunen bringen können, bei denen sich nicht selten — wie bei vielen anderen Erwachsenen, auch Lehrern — jene alten Theorien gehalten haben.

Prinzip „Hands on"

Das Testen der Kisten in der Schulpraxis war sehr wichtig, denn Kinder denken anders als Erwachsene. Beispiel Dichte. Darum geht es im dritten und vierten Schuljahr, wenn die Unterrichtseinheit „Warum schwimmt ein Schiff?" auf dem Plan steht. Ursprünglich sollten die Kinder gleich anfangs etwas über die unterschiedliche Dichte von Materialien lernen, weil dies der einfachste Zugang zu Schwimmen und Sinken zu sein schien. Für Erwachsene ist das so, Kinder aber verstehen das Prinzip einfacher über die Verdrängung des Wassers, so wie in den Versuchen der 3b heute. „Weil die Dichte etwas sehr Abstraktes ist, man kann sie schlecht sehen und auch schlecht spüren, haben einige Kinder dann schnell abgeschaltet", erinnert sich Baumann. Kinder lernen besser, wenn sie eigene Erfahrungen machen können. Auch eine Stunde im Schwimmbad gehört deshalb zum Physikunterricht. Unter anderem wird dort ein Riesenbottich ins Wasser gedrückt, und es gibt Fünfkilo-Klötze an einer Angel, die müssen ins Wasser getaucht werden. Kleine Versuche in groß.

Für die ersten Klassen beginnt die Frage, warum ein Schiff schwimmt, mit einer Geschichte. Darin kentert der Pirat Pit Perlenklau und braucht dringend ein neues Boot. Was taugt dafür? Ebenfalls aus der Klassenkiste stammt der dazugehörige Versuch: „Was schwimmt und was geht unter?" Und am Ende der Einheit werden die Kinder selbst Schiffe bauen. Doch zunächst veranstalten die kleinen Forscher eine große Planscherei: Der Stein? „Jaaa! Der geht unter, ich hab's gewusst." Und die Kerze? „Hey, die schwimmt ja. Aber das Geldstück geht unter, wetten?" Sinan klemmt die Zungenspitze zwischen die Zähne und schaut triumphierend in die Runde. Am Ende der Doppelstunde sind viele Arbeitsblätter, Ärmel und Stifte in Mitleidenschaft gezogen. „Wenn man Versuche mit Wasser macht, wird auch mal was nass, da darf man nicht zimperlich sein", kommentiert die Lehrerin trocken.

Fruchtbar ist diese Form des Unterrichts auch für andere Fächer, da Argumentieren und Zuhören dazu gehören. Vor den Experimenten werden jeweils die Vorstellungen und Theorien der Kinder gesammelt und danach reflektiert: Was haben wir gesehen und gelernt? Die Kleinen fragt Baumann etwa: „Was hat euch am meisten überrascht?" Jan drückt seine Verblüffung darüber aus, dass das Plastikmesser untergegangen ist. „Warum?", will seine Lehrerin wissen. Er überlegt: „Weil Plastik so leicht ist, dachte ich, es schwimmt". Zuhören sei für Kinder meist etwas Neues. „Die haben ihre Idee, wollen die loswerden

und es interessiert sie herzlich wenig, was die anderen gerade von sich geben." Wenn sie aber genau zuhören müssten, wie andere argumentieren, und aufgefordert würden zu überlegen, was sie selbst dazu meinen, helfe das, den eigenen Lernprozess zu reflektieren. So wie David aus der 3b, der nach den Experimenten im Gesprächskreis zu ihr sagt: „Das mit den Kugeln war bestimmt ein Trick, weil wenn man die kleine in der Hand hat, ist die ganz schwer und man hat gedacht, das Wasser würde höher steigen."

Dass die Kinder ganz unterschiedliche Niveaus mitbringen und entsprechend unterschiedlich die Versuche beschreiben, liest Baumann auf den Arbeitszetteln, den „Forscherbüchern". Sie habe jedoch nicht die Aufgabe alle auf eine Ebene zu bringen, betont sie. Ihr Ziel sei vielmehr, Interesse zu wecken. Ob die Arbeitsblätter richtig ausgefüllt sind und faltenfrei abgeheftet, steht daher weniger im Vordergrund als die Frage, ob die Kinder das Prinzip begriffen haben, denn: „Sonst war die Mühe umsonst".

Biologie

Biologie – Naturerlebnisse aus erster Hand

Ob am Strand, im Wald oder auf einer Wiese – draußen sind Kinder meist wie ausgewechselt und entdecken tausenderlei Dinge, mit denen sie spielen oder die sie genau erforschen wollen. Niemand bringt mehr Geduld und Hingabe auf als sie, eine Schnecke auf dem Weg zu beobachten. Näher noch sind ihnen natürlich Säugetiere, wie Hunde, Katzen oder Meerschweinchen, mit denen man spielen und die man streicheln kann. Schon in den ersten Lebenswochen suchen Säuglinge nach Gesichtern und Augen. Sie versuchen mit Menschen und Tieren zu kommunizieren, nicht aber mit unbelebten Objekten wie Möbeln. Diese Unterscheidung, belebt – unbelebt, gehört zum grundlegenden Wissen auf dem Gebiet der Biologie. Mit neun bis elf Monaten können Babys bereits Tiere, Menschen, Fahrzeuge oder Möbel verschiedenen Kategorien zuordnen. Diese Fähigkeit resultiert aus den ersten Ansätzen eines so genannten „biologischen Konzepts", das Kinder auf ihre Umwelt anwenden und mit zunehmenden Erfahrungen immer weiter entwickeln.

Ebenfalls recht früh entstehen die Konzepte über biologische Phänomene, wie Ansteckung, Krankheit oder Vererbung. Wenn man Vorschulkinder fragt, ob ein blutendes Knie ansteckend ist, werden sie das verneinen. Und sie haben auch bereits Vorstellungen über Vorgänge wie Wachsen oder Verdauung. Selbst wenn sie dies in kindlicher Weise erklären, so haben sie doch bereits gelernt, bestimmte biologische Phänomene auch in biologischen Begriffen (wächst, nimmt Nahrung auf) zu erklären und nicht mit physikalischen (unterliegt der Schwerkraft) oder psychologischen (hat einen Wunsch). Die noch bruchstückhaften „Theorien" werden bis zum zehnten Lebensjahr immer weiter ausdifferenziert.

In diesem Kapitel stellen wir zwei Einrichtungen vor, die das Erkennen von biologischen Zusammenhängen sowie Bewegungs- und Entdeckerfreude in der Natur in den Mittelpunkt ihrer Arbeit stellen: der Bauernhofkindergarten von Anne-Marie Muhs in der Nähe von Kiel und die Umweltschule Würzburg-Heuchelhof. Für die intuitiven Konzepte macht es übrigens keinen Unterschied, ob die Kinder auf dem Land aufwachsen oder in der Stadt. Landkinder haben keineswegs mehr Wissen über natürliche Abläufe, sitzen mittlerweile ebenso oft vor dem Fernseher oder Computer und werden womöglich noch häufiger mit dem Auto zu irgendwelchen Terminen gefahren. Um so wichtiger ist das Sich-Orientieren-lernen in der Natur, sei es in der Stadt, auf dem Acker oder in der Uferböschung.

Bebendes Leben hautnah

*Was ist Silage? Schlafen Hühner im Stehen? Wie heißt der Vater der Ferkel? –
So etwas weiß im Krummbeker Bauernhofkindergarten jedes Kind.
Das Leben auf dem Hof ermöglicht ganz besondere Naturerlebnisse und vermittelt
en passant, woher das Essen auf dem Teller stammt und welche Arbeit dafür nötig ist.*

„Hallo Hühner!" rufen fünfzehn Kinder und stürmen die Wiese. Jedes der Drei- bis Sechsjährigen trägt einen kleinen Eimer, halb gefüllt mit Körnern und Muschelkalk, und sucht sich einen guten Futterplatz. Die vierjährige Jette bleibt neben einer Sandkuhle stehen, um sich Körner auf den Gummischuh zu streuen. „Und jetzt?" Sie kneift die Augen zusammen: „Warten." Nachdem sich das aufgeregte Gackern rundum gelegt hat, stakst tatsächlich eine Henne neugierig heran und pickt Körner vom roten Stiefel. Jette gluckst: „Das kitzelt!". Sacht streichelt sie dem zutraulichen Huhn über die Federn. Klein-Morten, gerade drei geworden, will es ihr nachtun. Aber heute ist nicht sein Tag. Pausenlos muss er mit seinem großen Bruder streiten, und nun wollen nicht mal die Hühner, wie er will. Er zieht eine Schnute, stampft mit dem Fuß und rennt los. „Hey, die Küken werden nicht gejagt!" blitzt Bianka Busch dazwischen. Die Erzieherin des Krummbeker Bauernhofkindergartens „Wurzelkinder" muss Augen und Ohren überall haben.

Bauernhofkindergärten sind die jüngste Spielart der Naturpädagogik. Bundesweit gibt es rund zehn Einrichtungen, die entweder ganz auf dem Bauernhof angesiedelt sind oder mit den Kindergruppen „Bauernhoftage" einlegen. Die Grundidee: Alle Arbeiten, die auf einem Hofbetrieb anfallen — ob Kartoffellese, Apfelernte oder das Füttern von Tieren — sollen die Kinder hautnah erleben und dabei selbst Hand anlegen können. So wie gerade eben bei den Hühnern. Man braucht sie gar nicht erst fragen, ob sie das Konzept gut finden.

Sinn für Zusammenhänge

Langeweile kommt jedenfalls nicht auf. Kaum sind die Futtereimer leer, tummeln sich die Jungen und Mädchen in ihren Allwetterklamotten vor einem alten Bauwagen. Drin herrscht gedämpftes Schummerlicht und auf Augenhöhe der Kinder sitzen dick aufgeplustert die Legehennen dicht an dicht. Wie in Schubfächern hocken sie in den voneinander abgetrennten Nesterboxen. „Ich hab eins!", Alfons hält ein braunes Ei hoch

und gibt es weiter an Jette, die berührt mit den Lippen die warme Schale, streicht es über die Wange und reicht es weiter an Anthea. Von Hand zu Hand, von Kind zu Kind wandern die Eier und — keins zerbricht. Momente, die ein Kind wohl niemals vergisst. Sie sind mit tiefen Gefühlen verbunden, weil selbst erlebt und nicht aus zweiter Hand, aus dem Bilderbuch.

Um ihren Ansatz weiterzutragen, lässt Anne-Marie Muhs angehende Erzieherinnen hospitieren und hält Vorträge bei der Bundesarbeitsgemeinschaft „Lernort Bauernhof" (BAGLOB). Deren Vorsitzender Hans-Heiner Heuser begrüßt jede Initiative, die Kindern solche naturnahen Erlebnisse beschert und weiß durch Begleitstudien von den positiven Auswirkungen. So habe sich etwa im „integrativen Bauernhofkindergarten" auf dem Hof Mölkau bei Leipzig die Sprachentwicklung der dort betreuten autistischen Kinder deutlich verbessert. „Hofkinder" seien außerdem „weniger allergiekrank" und entwickelten „starke soziale Kompetenzen". Anne-Marie Muhs fügt die Rückmeldung der aufnehmenden Grundschulen hinzu, die ihr regel-

Hands on – und Plauschen

mäßig bescheinigen, dass „unsere Kinder aktiver und motorisch weiter entwickelt sind als andere und dass sie bereits wissen, was verbindliche Aufgaben sind".

Für die pädagogische Umsetzung naturnahen, ganzheitlichen Spielens und Lernens sorgt Bianka Busch. Drinnen Spielen gehört auch dazu: zum Beispiel Laternen färben, basteln, Tierpuzzle legen oder mit dem Puppenhaus spielen. Und natürlich aufräumen und gemeinsam frühstücken. Mitgebrachtes Essen darf nur im Kinderhaus ausgepackt werden, denn durch „Rohwurst", wie Salami oder Schinken, könnten Krankheitserreger auf den Hof gelangen. Ziel der Naturspielpädagogin ist es, den Kindern Prozesse und Zusammenhänge zu vermitteln. Etwa wie aus Korn Brot wird, wie aus den Eiern Küken und Masthähnchen heranwachsen, die dann geschlachtet werden – auch das erleben die Kinder als ganz selbstverständlich –, oder dass Schafe wegen der Wolle geschoren werden, aus der man wiederum Filz machen kann. Durch diese eigenen Erlebnisse wachse die Wertschätzung von Natur und Arbeit der Bauern, so die Erzieherin.

Davon ist auch die Erfinderin der Bauernkindergärten Anne-Marie Muhs überzeugt. „Als Kind habe ich mit meinen Geschwistern und den Kälbern im Stroh gespielt", erzählt die 43-Jährige, die selbst auf einem Bauernhof groß wurde. Erst später wurde ihr bewusst, dass dies keineswegs mehr selbstverständlich ist. Denn die meisten Höfe seien zu groß und wirklich zu gefährlich für Kinder. Daher wollte sie nicht nur den eigenen fünf Kindern ermöglichen, täglich mit Tieren zusammen zu sein. Die Schwiegereltern, denen der Hof gehört, waren von ihrer Idee erst nicht begeistert: So viele Kinder? Da würde Etliches zu Bruch gehen, man müsse ständig aufpassen und es würde viel Zeit kos-

ten, warnten sie. Die Schwiegertochter ließ sich nicht beirren: „Alle Welt redet über artgerechte Tierhaltung, aber was wir mit unseren Kindern in Kindergarten und Schule machen, die da einzusperren mit ganz wenig Bewegungsmöglichkeiten für den ganzen Vormittag und bald auch den Nachmittag – darüber redet niemand." Zur Jahrtausendwende war das halbrunde Holzhaus am Rand des Betriebsgeländes fertig und mittlerweile ist die ganze Familie gewonnen. „Wir haben keinen Tag bereut", lächelt Anne-Marie Muhs stolz.

Unter Schweinen

Unumstrittener Höhepunkt der Kinderwoche ist Mittwoch, der „Hoftag". Dann helfen sie Bauer Rainer oder dem Hofangestellten Michael beim Schweinefüttern. Dafür treffen sich die Kinder morgens direkt auf dem gepflasterten Innenhof. Aus Schweinesicht ist der Mittwochmorgen sicher der schlimmste, denn das Futter kommt später als sonst. Sie sind schon ganz außer sich. Kaum erspähen sie ein Menschenwesen, bellen, grunzen und quieken sie, dass selbst die Kinder kaum dagegen anschreien können. Ein ohrenbetäubendes Spektakel. Endlich kommt Bauer Rainer mit seinem jüngsten Sohn Alfons und rührt gleich im Silohaus den Schrotbrei an. Und auf geht's zu den Schweinen. An jeder Box ragt ein Hebel hervor, der den Zulauf für den Futterbrei öffnet und den jeweils ein anderes Kind ziehen darf. Und dann schauen alle zu, wie die Mastschweine an den Trögen drängeln und übereinander purzeln, sich die Schnauzen voll saugen, schlabbern und schmatzen, als hätten sie jahrelang gehungert.

„Ihr wisst ja, die Schweine haben ein Schlafzimmer, eine Toilette und ein Wohnzimmer", erinnert die Erzieherin. Die „Toilette" ist der Bereich ganz vorne, dorthin streuen die Kinder nun frisches Stroh. Heute dürfen sie sogar mit in die Ställe und dort das Stroh verteilen. So viel Zeit nimmt sich nur der Bauer selbst, erzählt seine Frau lächelnd. Morgens sage er immer „Ach, heute schon wieder die Gören…", aber dann kehre er regelmäßig glücklich über die ansteckende Freude der Kinder zurück. Kaum schiebt er den Silagewagen um die Ecke, klettern die Kinder hinein. Heu-Silage ist der zweite Gang im Schweinemenü und riecht etwas streng. Die Kinder stört das nicht, sie balgen sich im vergorenen Heu, formen Silagebälle und werfen sie in die Boxen. Danach steht Fegen an. Ohne Aufforderung sind schon zwei Freiwillige mit Kinderbesen zugange. Dann noch der Fallobst-Nachtisch und die Silagekarawane zieht weiter zu den Sauen. „Aufpassen!", mahnt Bianka Busch. Die älteren Kinder wissen schon, dass die großen Muttersauen nicht so friedlich sind wie Mastschweine, sie kennen auch den Grund. „Weil die ihre Ferkel beschützen", erklärt Robin. Deshalb kommen sie auch erst zum Schluss dran, wenn die Kinder ausgetobt und schon das ein oder andere Borstenvieh gestreichelt haben.

Psst! Rainer Muhs hat noch etwas besonderes für die Nachwuchsbauern: „Wir haben Ferkel, aber ihr müsst gaaanz leise sein." Ein letztes Psst! und der schlanke Mann fängt für jeden Jungen und jedes Mädchen einen der runzligen, wuseligen Winzlinge ein. Zunächst zappeln sie und werden dann ruhiger, wenn sie an die Kinderherzen gedrückt werden. Eine kleine Ewigkeit lang, mit versunkenen Blicken und großer Achtsamkeit. Die winzigen Ferkel, das bebende Leben. Bauer Rainer strahlt im Hintergrund. Er hat sich viel Zeit genommen – und glatt die Hühner vergessen, und die Pferde, die müssen noch auf die Koppel. Jetzt aber … „Tschüss Kinder!", ruft er, dann sieht man ihn schon mit dem Fahrrad lossausen, Hofhund Joe dicht hinter ihm.

„Draußen sein" erweitert den Horizont der Kinder – Interview mit Freilandpädagogin Edeltraud Prokop

Die 55-jährige Krankenschwester, Erzieherin und Leiterin der Münchener städtischen Kindertagesstätte Felicitas-Füss-Straße hat mit ihrem Team die Freilandpädagogik begründet. Ein Ansatz für Kinder in altersgemischten Gruppen von drei Monaten bis sechs Jahren, der insbesondere auf Natur- und Umweltbildung fußt.

SM *Die von Ihnen entwickelte Freilandpädagogik basiert auf direkten Naturerlebnissen. Sie sagen „Kinder wollen draußen sein" – was bedeutet das für Sie?*

EP „Draußen sein" erweitert den Horizont der Kinder. Draußen begegnen ihnen buchstäblich alle Naturwissenschaften, entdecken sie Dinge, die wir Erwachsene oft nicht mehr sehen. Draußen stellen Kinder viele Fragen: Was ist das für ein Blatt? Warum ist der Baum so hoch? Warum scheint heute die Sonne?... Unsere Aufgabe ist es, die Fragen aufzuschreiben und zurück in der Einrichtung gemeinsam zu überlegen: Welche Ideen und Hypothesen haben die Kinder? Wie kommen wir zu den Antworten?

SM *Sie begleiten diese Fragen also sehr intensiv?*

EP Wir haben die Erfahrung gemacht – ob im Wald, auf der Wiese, am Bach –, dass die Kinder die Impulse aufnehmen und unglaublich viele Themen mitbringen. Das ist ja oft die Frage von Erzie

herinnen: Wie erkenne ich die Themen der Kinder? Auf diese Weise kann ich sie ganz einfach erkennen. Es liegt an uns, da anzudocken. Das bedeutet natürlich auch immer wieder, dass wir uns informieren müssen.

SM *Der bayerische Bildungs- und Erziehungsplan gibt ja viele Themen vor. Wie bauen Sie das in Ihren Alltag ein?*

EP Der Bildungs- und Erziehungsplan verwirrt viele, weil sie meinen, man müsse jedes Thema einzeln abarbeiten. Nach dem Motto: „So, heut bring ich euch mal ein Buch über den Wald mit." Das interessiert die Kinder auch und am Abend kann ich das Thema Biologie abhaken. Nur für die Kinder ist es völlig aus dem Zusammenhang genommen. Bei uns können Kinder sehr viel entdecken und wir setzen uns dann gemeinsam mit diesen Themen auseinander. Freilandpädagogik meint nicht nur Biologie, aber in diesem Bereich haben sie hinterher ganz beson ders viel Wissen. Wir arbeiten auch gern mit externen Experten. Dadurch lernen wir immer neue Personen aus verschiedenen Berufen mit ihren Kompetenzen kennen. Durchaus auch bei den Eltern.

SM *Zum Beispiel?*

EP Ein Vater ist Hobby-Ornithologe. Der kam einfach mit uns in den Wald und hat einen ausgestopften Häher mitgebracht, den die Kinder sehr genau angeschaut und gestreichelt haben. Er hat ihnen wunderbar erklären können, was die Federn bedeuten. Später hat er uns sogar einen Nistkasten an die Wand gehängt mit einer Kamera obendrauf, die an den Fernseher angeschlossen wurde. Das Beste war, dass wirklich Blaumeisen ihr Nest darin gebaut und Eier gelegt haben. Die Kinder konnten zuschauen, wie sie brüten und die Küken geschlüpft sind. Das hat uns alle unglaublich fasziniert.

Einmal kam die Freilandgruppe mit dem Begriff „Biotop" zurück. Dazu haben wir Herbert Österreicher eingeladen, der unseren Garten gestaltet hat. Zusammen mit den Kindern hat er dann auf dem Acker oder im Wald kleine Areale abgesteckt und sie haben geschaut, was dort wächst. So konnten die Kinder sehen, dass es mehrere Biotope nebeneinander gibt. Sie haben Pflanzen gesammelt und die später genau angeschaut. Das ist von uns als Team noch einige Wochen weiter geführt worden, auch mit Bilddokumentationen.

SM *Die sind dann bei Ihnen öffentlich zugänglich?*

EP Das hat für uns einen hohen Stellenwert, weil sich die Kinder dann wirklich davor stellen und wiederholen, wie das war. Was haben wir gemacht, um das zu entdecken? Die Erzieherin muss dann hell-

wach sein, sich wieder einklinken und auch Fragen stellen. So schreiben wir auch Lerngeschichten, wie Margret Carr sie entwickelt hat: Ich beobachte das Kind in diesen magischen Momenten, wo es etwas ausprobiert, etwas entdeckt. Wir schreiben das auf wie einen Brief: Ich habe dich beobachtet, du hast diese Strategie benutzt, um an das Ergebnis zu kommen … Dabei geht es einfach darum, den Prozess nachzuvollziehen, um ihn dem Kind noch einmal zu spiegeln.

SM *Wie viel Natur-Wissen bringen die Kinder eigentlich mit?*

EP Manche wissen wirklich schon viel. Als wir etwa eine Wespenwabe gefunden haben, da wusste ein Mädchen sofort, was das ist und dass eine Wabe sechs Ecken hat. Sie konnte sie dann auch einer Montessoriform zuordnen. Da war bereits eine Erfahrung vorhanden, eine neue kam hinzu und sie konnte das verknüpfen. Auch andere wussten, dass die Wabe von Wespen stammte und dass die Waben der Bienen aus Wachs sind. Die älteren Kinder verfügen oft durch die Eltern schon über Informationen, vielleicht waren sie schon mal beim Imker.

SM *Dann haben Sie wohl sehr aktive Eltern?*

EP Das ist unterschiedlich. Allerdings sehen wir das auch als Nebeneffekt davon, dass wir viel draußen sind. Ich höre immer wieder, dass die Kinder davon zuhause erzählen. Etwa wenn sie mit dem Käscher draußen waren und einen Bachlauf genau angeschaut haben — dann möchten sie das natürlich den Eltern zeigen.

SM *Sie befruchten sich also gegenseitig?*

EP Durchaus. Manchmal sagen Eltern: „Jetzt haben Sie uns aber ganz schön gefordert." Und die Kinder kommen am anderen Tag oft mit einem Buch oder mit einer Zeitschrift zum Thema, woran man merkt, dass die Eltern mitrecherchiert haben.

SM *Und dieser Ansatz hat sich aus einem umgestalteten Garten heraus entwickelt?*

EP Im Grunde ja. Vor zehn Jahren hatten wir ein ganz normales Wiesengelände. Wenn die Kinder draußen waren, machten sie Tobespiele oder donnerten mit einem Bobby-Car monoton auf und ab. Wir haben aber immer schon Spaziergänge gemacht und einen deutlichen Unterschied in ihrem Verhalten festgestellt. Unser Eindruck war, sie brauchen ein Anregungsfeld. Es ist wichtig, dass ein Gartengelände als Naturerlebnisraum gestaltet wird, weil gerade Großstadtkinder sonst überwiegend in Räumen leben. Der Raum aber enthält viele Wiederholungen, wenige neue Anregungen. So sind Kinder darauf angewiesen, wie die Erwachsenen diese Räume anreichern. Als wir dann so nach und nach das Gartengelände umgestaltet hatten, veränderte sich auch das Spiel der Kinder völlig.

SM *Inwiefern?*

EP Das war schon erstaunlich: Der Lärmpegel sank und sie dachten sich mehr Rollenspiele aus. Man muss sich einfach vorstellen: Was machen denn Kinder zehn Stunden lang in so einer Einrichtung? Auch wenn ich zwei Stunden mit ihnen draußen bin, sind es immer noch acht, die sie im Raum verbringen. Aber Kinder brauchen Bewegung. Wenn sie sich nicht bewegen können, wie sie wollen, dann fangen sie an, irgendwo runterzuhüpfen, dann wird's laut, die Erzieherin muss disziplinieren …

SM *Sie meinen, wenn man viel drinnen ist, macht das aggressiv?*

EP Speziell auf den Raum bezogen ja, weil das ja keine kindgerechte Umgebung ist. Man regt sich über Käfighaltung so auf. Wir haben unseren Begriff Freilandpädagogik nicht von ungefähr gewählt.

SM *Ist denn die Freilandpädagogik auch was für Schulen?*

EP Ich fände das ganz hervorragend. Doch wenn Fachleute bei uns hospitieren, hört man immer erst mal, warum alles nicht geht. Als nächstes steht ein großes Fragezeichen im Raum: Ist das wirklich Lernen? Auch unseren Eltern geht es so. Als wir die Freilandgruppe gestartet hatten, sagten sie: „Um Gotteswillen, und was ist mit der Vorschule?" Sie glaubten, wenn wir im Gelände sind, lernen die Kinder keine Buchstaben und Zahlen.

SM *Schon die Sorge um die Schulkarriere?*

EP So ist es. Wir sagen dagegen, Vorschule beginnt ab der Geburt. Wir begleiten Kinder bei ihren Lernprozessen, schaffen Lernräume. Und das geht nicht erst ein Jahr vor der Schule. Das muss sehr früh beginnen. Ich habe das Gefühl, dass man im Moment wieder über viele Dinge aufklären muss: Kinder brauchen vielerlei Anregungen, damit im Gehirn vielerlei neuronale Verknüpfungen entstehen können. Kinder müssen etwas sehen und sich bewegen, damit sie etwas wahrnehmen und dann erforschen können. Da wir länger an einem Thema arbeiten, kommen Kinder mit Sprache, mit verschiedenen Begriffen in Berührung. Nebenbei lernen sie, was sie tun müssen, wenn sie etwas wissen wollen.

Natur erforschen, schützen, gestalten

*Fichtennadeln mikroskopieren, Rosenkäfer beobachten, Wasser sparen –
Forschergeist und Umweltschutz sind prägende Elemente der
Unesco-Projektschule Würzburg-Heuchelhof. Die Kinder dort sind für das
Prinzip Naturschutz sensibilisiert und sprudeln über vor Ideen und Tatendrang.*

„Erst hab ich Angst gehabt, da könnten Vogelspinnen drin sein, aber jetzt nicht mehr!" Die neunjährige Fabienne rollt mit den Augen, zieht das nächste Bündel aus der Bananenkiste und läuft zu den Tischen im Schulfoyer. Donnerstag ist Bananentag an der „Ganztagsschule Heuchelhof". Die Würzburger Grundschule erhält seit 2002 regelmäßig die Auszeichnung „Umweltschule in Europa". Denn: Nachhaltigkeit und Umweltschutz stehen täglich auf dem Lehrplan, am liebsten mit praktischem Effekt. Ein Beispiel ist das Projekt

Bananen, wofür im „Weltladen" eingekauft wird. So sollen die Kinder etwas über „fairen Handel" lernen – und natürlich viele vitaminreiche Früchte verputzen.

Fabienne und Samuel von der 3a sind derzeit als „Bananenmanager" dafür verantwortlich, dass die süßen Gelben in Umlauf kommen. Das bedeutet viel Arbeit, deshalb helfen noch drei Mitschüler mit: Auspacken, Abzählen, in Transporttaschen verpacken, auf der Liste abhaken. Und das alles ohne Trödelei, denn

Viertel nach acht werden die Südfrüchte zum Frühstück erwartet. Die größten Bananenvertilger derzeit sind die Erst- und Zweitklässler. Sie bestellen die Früchte fast immer in Klassenstärke. Moritz und Johannes schultern als Helfer der Bananenmanager gerade die ersten Taschen und verschwinden mit ihrer Last im Treppenhaus. „1d: 24", Nicole zählt ab und stopft die widerspenstigen Krummfrüchte nacheinander in eine Baumwolltasche mit der leuchtendroten Aufschrift „1d". Am Klemmbrett steht jetzt Johannes und streicht mit wichtiger Miene die betreffende Klasse als erledigt durch. Dann liest er weiter und stellt fest, dass die Lehrertaschen noch nicht gefüllt sind: „Macht mal Köhler", fordert der Achtjährige knapp und gleich darauf noch mal mit Nachdruck: „Nun macht doch mal die Lehrer fertig!" Maria Kauczok, seine Klassenlehrerin und Leiterin des Bananenprojekts, kann sich ein Lachen nicht verkneifen. Schon werden die nächsten Taschen abtransportiert und Ruckzuck sind 280 vorbestellte „Bananenabos" weg.

Strom aus Bananen

Bezahlt sind sie schon — die Lehrerin erklärt das Prinzip: „Die Bananen werden für zwei Monate im Voraus bestellt und bezahlt." Die Hüter der Bananen wissen genau, wie viele sie beim Weltladen ordern müssen. Seit einem Jahr betreut die 3a das Bananenprojekt und hat dabei schon viel gelernt: Bestellungen notieren, die monatliche Anzahl der Bananen ausrechnen (zwischen 800 und 1000 Früchte à 50 Cent), bei der Abrechnung helfen und das „Bananengeld" auf der Bank einzahlen.

Der Weltladen gewährt mittlerweile Rabatt, damit liegt der tatsächliche Preis für eine Banane unter 50 Cent — und es bleibt immer ein wenig Geld übrig. Die eifrigen Südfrüchteesser spenden es für gute Projekte: diesmal die Finanzierung von Solarstrom für eine Schule in Burkina Faso. Dort gibt es bislang kein Licht und die Lehrer, die abends auch Erwachsene unterrichteten, hätten über Augenschmerzen geklagt, erzählt Maria Kauczok vom Ursprung der Idee. Schulleiter Leonhard Blaum und sein Kollegium hielten gleich nach Umsetzungsmöglichkeiten Ausschau und fanden in Waiblingen einen Ingenieur, der für 2000 angesparte Bananeneuro den Bau einer Solaranlage und deren Wartung für ein Jahr übernimmt.

An Ideen zu umweltbewusstem Handeln, Energie sparen, Natur beobachten oder gesundem Essen mangelt es in dieser Schule nicht. Das fängt mit Pausenbrotbox und Trinkflasche an, reicht über den Vogelnistkasten mit integrierter Kamera und hört bei der Auseinandersetzung mit Mama noch lange nicht auf, die „beim Zähneputzen einfach das Wasser laufen lässt". Auch über negative Energien wird nachgedacht: „Wir sparen an Feindseligkeiten", betont die zehnjährige Rebecca ernsthaft. „Unesco-Paten" durchkämmen wie Reporter die Schule nach Vorschlägen, was besser gemacht werden könnte. Auch Lukas aus der 3a gehört dazu, als nächstes will er in der Kinderkonferenz wissen: „Warum haben wir keine Energiesparlampen?" Haben sich die Kinder erst mit dem Thema beschäftigt, sind sie sensibilisiert. Auch zu Hause ist dann niemand mehr vor ihren Nachfragen sicher. So muss sich Lukas' Mutter offenbar für den Einkauf von Biomöhren in Plastiktüten rechtfertigen — „Das ist doch Müll", empört er sich. Und Nicole erzählt stolz, sie trage noch ihre erste Schultasche, es müsse nicht jedes Jahr eine neue sein.

Der Schwerpunkt „Umweltschutz" hat der bayerischen Grundschule sogar zwei zusätzliche Räume eingebracht, das „grüne" und das „ökologische Klassenzimmer":

● Das „grüne Klassenzimmer" ist ein Holzhaus am Rand des Pausenhofs, immer ausgebucht und doch ganz leer. Schön auch, dass man darunter durchlaufen kann, weil es auf Steinquadern steht. Gebaut ist es ausschließlich aus Lehm, Stroh und Holz. Wie es dazu kam? Maria Kauczok schiebt die randlose Brille über den Lachgrübchen zurecht: „Bei der Messe für ‚nachwachsende Rohstoffe' 2001 hier in Würzburg sagte unser Landwirtschaftsminister, für ein Haus, das Kindern oder der Öffentlichkeit zugute käme, würde er das Holz spendieren." Die 58-Jährige klopft auf das Holz: „Das war *die* Gelegenheit!" Die Schule war einverstanden und eine Kettenreaktion wurde ausgelöst: Ein Architekt lieferte umsonst den Plan,

etliche Unternehmen steuerten Baumaterialien bei, und die Schreiner und Zimmerleute der benachbarten Berufsschule bauten das Haus. 2002 war Richtfest und die insgesamt 40 Sponsoren haben heute ein feines Meisterstück zum Vorzeigen. Genau wie die Kinder, Eltern und Lehrer, denn sie haben alle mit angepackt: eimerweise Steine geschleppt, Holz gesägt oder Würstchen gegrillt für die Zimmerleute. Gemeinschaftlich wurde ein Ort der Ruhe geschaffen, der herrlich nach Holz duftet. Drinnen stapeln sich in einem Regal Filzpantoffeln zur Schonung des Parketts und gegenüber lagern Kissen in einer Korbtruhe. Mehr Mobiliar braucht es nicht für Kinderkonferenzen, Tanz- oder Meditationsübungen.

● Das „ökologische Klassenzimmer" ist ein bemalter Container, ausgerüstet mit Mikroskop, Stereo-Zoom-Lupe, Monitoren und Bestimmungsbüchern. Auf Rädern und als „Umweltmobil" tourte er sechs Jahre lang durch die Bundesrepublik, morgens als Umweltlabor für Schüler, nachmittags als Fortbildungsstätte für Lehrer. Die Idee dazu hatte Schulleiter Leonhard Blaum selbst. Vor zehn Jahren begeisterte er damit den Verlag der Umweltzeitschrift für Lehrer und Schüler *Ich tu was.* „Da waren 100.000 Kinder drin, jetzt ist er abgeschrieben, und der Verlag hat ihn uns geschenkt", erzählt Blaum. Nicht alle Kollegen schätzen den Bus als zusätzlichen Lernort, denn dort zu unterrichten bedeutet zusätzliche Arbeit. Hin und wieder bekommen sie einen kleinen Anstoß in Richtung Labor vom Schulleiter, in der Hoffnung, die zusätzliche Entdeckerfreude der Kinder möge sie anstecken.

Hagebutten unterm Mikroskop

*Margarineschimmel
unterm Elektro-Mikroskop*

Vertraut mit Pinzette und Skalpell

Die 3a jedenfalls kennt sich darin aus: Kaum haben die Jungen und Mädchen das Labor gestürmt, bauen sie schon die Binokulare auf und bestücken Objektschalen mit Fichtennadeln, Hagebutten und dem eigens angesetzten Schimmel aus Margarinebechern. Die Atmosphäre knistert geradezu. Immer wieder ruft ein Kind die Lehrerin, um sie teilhaben zu lassen: „Wow! Wie toll das aussieht", vorsichtig säbelt Nadine mit dem Skalpell an einem Hagebuttenkern; „Guck mal, Frau Kauczok, hier lässt sich die Wachsschicht abschaben", ruft Moritz. Auch in der 58-Jährigen ist der Forschergeist geweckt: „Was ist das darunter? Öl?" Geschickt kratzt Moritz weiter mit dem Skalpell an der hauchdünnen Wachsschicht der Fichtennadel, die er gleichzeitig mit einer Pinzette festhält — an Feinmotorik mangelt es dem Jungen sicher nicht. Valentin steht derweil an seinem Lieblingsarbeitsplatz, dem elektronischen Mikroskop, das Vergrößerungen auf einen Monitor überträgt. Er dreht an der Einstellscheibe und verschiebt die Objektschale, um ein scharfes Bild zu erzeugen.

„Ich hab's!", ruft er schließlich. Auf dem Bildschirm ist nun eine rötliche, faserige Netzstruktur zu erkennen — der Margarineschimmel. In Naturkunde steht derzeit „Wald" auf der Agenda. „Die Kinder haben Pilze gesammelt", erklärt Maria Kauczok lachend.

Erziehung zur Naturbeobachtung und Eigenverantwortlichkeit zieht sich wie ein roter Faden durchs Heuchelhofer Schulleben — ob die Kinder im Stadtviertel Müll wegräumen, aus ihren Naturbeobachtungen ein „Heckenbuch" gestalten oder beim nahen See die Wasserqualität prüfen und dem Wasserwirtschaftsamt die Ergebnisse berichten. Allerdings müssen derlei Projekte gut vorbereitet sein. Maria Kauczok nickt zustimmend: „Das ist schon Mehrarbeit. Aber gerade das macht meinen Beruf spannend. Ich bin zufrieden, wenn ich sehe, wie die Kinder auch von anderen in ihrem Lernen ernst genommen werden." So kann es aussehen, wenn Schule mehr ist als nur Unterricht.

Hintergrund:
Spielen – mit Freiheit und Fantasie die Lebenswelt erobern

*Spielen ist keine Zeitverschwendung, sondern die eigentliche Arbeit
des Kindes und für die Entwicklung seiner Persönlichkeit unerlässlich. Von daher ist
keineswegs egal, was und wie es spiell. Spielen muss man lernen.
Je vielfältigere Möglichkeiten ein Kind beherrscht, desto mehr lernt es dabei.*

„Wollen wir spielen?" – so lautet die Einladung in eine wunderbare Welt. Sobald sich die Beteiligten über das Wer, Was und Wie verständigt haben, wird aus den Mitspielern eine eingeschworene Gruppe. Gemeinsam durchstreifen sie fantastische Welten, finden Geschichten, Regeln und Geheimnisse. Ganz anders dagegen sieht das Ergebnis aus, wenn Erwachsene ihre Ruhe und die Kinder aus dem Weg haben wol-

len. „Geh doch spielen!", heißt das dann. Was eben noch reine Freude war, schlägt um in gähnende Langeweile, nicht zuletzt, weil ein Aspekt des Spiels die absolute Freiheit ist. Man kann als Erwachsener zwar Anregungen geben, anordnen aber kann man es nicht. Viele denken beim Kinderspiel an harmlose, unnütze Dinge und haben idyllische Bilder im Sinn. Von der Realität ist dies weit entfernt. Spiele sind paradox und die Bandbreite reicht von brutal über tollkühn bis feinsinnig und ruhig. Dennoch gibt es drei Merkmale, die auf alle Spielarten zutreffen:

- Absolute Handlungsfreiheit — also Spielen um des Spielens willen ohne zielgerichteten Zweck

- Das Wechseln der Realitätsebene, etwa bei den „Tun-als-ob"- oder Symbolspielen, zu denen auch das „Autofahren" mit einem Stuhl oder Pappkarton gehört

- Wiederholungen oder Rituale.

Nach dem aktuellen Wissensstand der Frühpädagogik und Entwicklungspsychologie eignen sich Kinder im Spiel die Umwelt an und entwickeln dabei ihre Persönlichkeit. Mit dem ersten Schultag wird die vertraute Lernstrategie allerdings oft als Kinderkram entwertet. Fortan ist Spielen nur noch zur Erholung oder als Belohnung vorgesehen. In vielen Grundschulklassen heißt es noch immer ganz protestantisch „Erst die Arbeit, dann das Spiel". Dass auf diese Weise die lustbetonte Form des Lernens verbannt wird, bestätigen Versuche wie das „Wiener Spielprojekt". Die Idee dazu hatte Waltraut Hartmann, Psychologin an der Universität Wien und Leiterin des Charlotte-Bühler-Instituts für praxisorientierte Kindheitsforschung vor zwanzig Jahren. Damals wurden in Österreich eine große Zahl Kinder aus schwierigen sozio-ökonomischen Verhältnissen als „nicht schulreif" zurückgestellt oder mussten die erste Klasse wiederholen. So viele, dass gehandelt werden musste. Hartmanns Konzept war damals eine der Maßnahmen. Mit freiem Spiel sollte dabei ein fließender Übergang vom Kindergarten zur Schule geschaffen werden.

Seelische Balance

Im Gegensatz zu den Pädagogen interessierte sich die Psychologin dabei weniger für die Schulleistung der Kinder als für deren Persönlichkeitsentwicklung. „Ich bin davon ausgegangen, dass das Spiel innerlich motiviert ist, weil es handlungsnah ist und die Möglichkeit bietet, eigene Gefühle nach außen zu projizieren", erklärt sie ihren Ausgangspunkt. Außerdem dürfe man im Spiel Dinge tun, die üblicherweise verboten sind: schreien, schimpfen oder aggressiv sein. Somit dient das Spiel auch dazu, die seelische Balance zu wahren. „Erholt und entspannt lernt man besonders gut", charakterisiert Waltraut Harmann die Konsequenz daraus. Kinder spielen lassen — was sich wie ein ganz einfaches Prinzip ausnimmt, war nicht leicht umzusetzen. Zwar ging es im Projekt um das „freie" im Gegensatz zum didaktischen Spiel, doch paradoxerweise setzt gerade das eine gute Organisation voraus. Nur wenige Pädagogen waren (und sind) indes mit der Methodik und Didaktik des Spiels vertraut.

In Übungsseminaren lernten die Pädagoginnen, dass sie zwar beobachten, aber nicht immer eingreifen sollten. Später registrierten sie verblüfft die positiven Auswirkungen des Konzepts in ihren Klassen. „Die Lehrerinnen haben mir gesagt, dass ihnen diese Kinder viel mehr ans Herz gewachsen sind, weil sie mit ihnen am Boden gelegen sind und gespielt haben und so zu Partnern der Kinder geworden sind", erzählt Hartmann. Ursprünglich nur für die erste Klasse geplant, wollten Lehrkräfte, die einmal damit begonnen hatten, das neue Unterrichtssegment nicht wieder aufgeben. Schließlich wurde das Spielprojekt bis zum Ende der vierten Klasse weitergeführt. Vergleichende

Leistungstests, die mit den Projektkindern und einer Kontrollgruppe durchgeführt wurden, ergaben keine Unterschiede in den Leistungen und das, obwohl die Projektkinder Hunderte von Stunden gespielt hatten.

Mehr Freiheit, mehr Ruhe

Im Vergleich dazu sind deutsche Schulen ein Bollwerk der „ernsthaften" Arbeit geblieben. Nach den behutsamen Vorstößen der Grundschulen, Lernräume etwa mit Leseecken sinnlicher zu gestalten, traf daher der Vorwurf von Roman Herzog, Deutschlands Kuschelpädagogik sei Schuld an den schlechten Pisaergebnissen, die Pädagogen besonders hart. Und noch immer ruft die Gesellschaft weniger nach sanften Erziehungsmethoden als nach hartem Durchgreifen. Der Ruf nach Disziplin ist nicht einmal typisch deutsch, wie der Blick nach Großbritannien zeigt, wo Kinder schon mit fünf Jahren eingeschult werden. Die schottische Wissenschaftlerin Aline-Wendy Dunlop untersuchte, wie Kinder den Übergang von der Vorschule zur Schule bewältigen. Wie in deutschen Kitas können die Kinder in schottischen Vorschulen selbstbestimmt über ihre Zeit verfügen, spontan Gruppen bilden und frei unter vielfältigen Beschäftigungsmöglichkeiten aussuchen. Die Studie zeigt, dass der Wechsel in die Schule bei ihnen eine Art Kulturschock auslöste, weil die vertrauten Muster nicht mehr galten, die Lehrerin Gruppen ein- und Aufgaben zuteilte. „Sie allein hat jetzt die Wahl", kommentiert Dunlop.

Das Zitat eines Mädchens nach einem Jahr Schule belegt, wie tiefgreifend der Unterschied zwischen den Systemen empfunden wird: „Ich wünschte, ich wäre noch in der Vorschule, dort haben wir mehr geredet, es gab mehr Auswahl." Eine weitere verblüf-

fende Beobachtung der schottischen Wissenschaftlerin: Lehrkräfte, die den Schülern weiterhin Raum zum Spielen gewähren, können deren Aufmerksamkeit leichter gewinnen. In Klassen hingegen, wo Freiheit durch Disziplin ersetzt wird, tuscheln und albern die Kinder herum — und bewahrten sich so ein Quäntchen Autonomie.

Mit der Autonomie von Kindern können indes nur wenige Erwachsene umgehen, sie fürchten den Kontrollverlust. Eltern und Pädagogen werden an diesem Punkt dazu lernen müssen, denn nicht nur die Vorstellung davon, was Kinder lernen sollten, sondern auch die Kindheit selbst hat sich in den letzten 30 Jahren stark verändert. Für Hanns Petillon, Erziehungswissenschaftler der Universität Landau, war das Grund genug zu fragen, wie eine zeitgemäße Schule aussehen könnte. Daraus entwickelte er das Konzept „Lern- und Spielschule", das von 1992 bis 1996 an sechs Grundschulen in Rheinland-Pfalz getestet, aber leider nicht weiter geführt wurde. Ähnlich wie beim österreichischen Modell wurde das Spiel in den Unterricht integriert. Petillon zielte dabei auf die Zusammenführung des aktuellen Wissenstands von Spielforschung, Psychologie und Pädagogik.

Was die Leistung der spielenden Kinder, ihre Kreativität und Persönlichkeitsentwicklung betraf, deckten sich Ergebnisse der Evaluation mit den Erkenntnissen des Wiener Projekts. Beim Thema „soziales Lernen" jedoch überraschten die rheinland-pfälzischen Projektkinder mit ganz besonderen Werten: Ausgrenzung und aggressives Verhalten nahmen stark ab, womöglich verspürten sie weniger Leistungsdruck. Laut Evaluationsstudie wiesen die Kinder der Lern- und Spielschule ein deutlich geringeres Aggressionspotenzial auf als Kinder an normalen Regelschulen. Gefragt, wie sie selbst ihre Leistung einschätzten, stellten sie außerdem weniger oft als die Kontrollkinder den Vergleich zu Mitschülern an, sondern maßen den Wert ihrer Leistung eher an den bewältigten Aufgaben.

Vielfalt ist der Schlüssel

Ingrid Pramling Samuelsson von der Universität Göteborg blickt mit ihrer Spieltheorie noch einen Schritt weiter in die Zukunft: „Je weniger wir darüber wissen, wie die Welt der Kinder aussehen wird, um so mehr Variationen müssen sie kennen lernen." Sie bezieht sich dabei auf die Evolutionstheorie, nach der Flexibilität und Vielfalt Schlüsselqualifikationen für die biologische Entwicklung sind. Je abwechslungsreicher die Spielvariationen ausfielen, desto komplexer gestalte sich dabei die Struktur ihres Denkens. Ein Beispiel: Um Ballspielen zu lernen reicht es keineswegs aus, den Ball im immer gleichen Winkel und aus der immer gleichen Entfernung auf einen Korb zu werfen. Kinder, die mit der permanenten Veränderung der Rahmenbedingungen zurechtkommen müssen – unterschiedliche Größen und Gewichte von Bällen, verschiedene Winkel und Entfernungen beim Wurf –, lernen den Umgang mit dem Ball viel schneller. Ergebnisse einer schwedischen Studie, die diametral zu Grundsätzen wie „Übung macht den Meister" stehen. Ingrid Pramling ist eine Vordenkerin in punkto frühes Lernen, von ihr stammt auch der „metakognitive Ansatz, der besagt, dass man sich mit Kindern in Gesprächen über ihr Denken auseinander setzen muss, damit sie erkennen, was sie lernen.

Zur Anregung der Fantasie, des Improvisierens sowie des divergenten Denkens sind dabei nicht-realistische Spielgegenstände vorzuziehen. Wer mit vorgefertigten Gegenständen spielt, etwa einem Plüschhund oder Staubsauger, käme nie auf die Idee, das Objekt als Pferd oder Auto umzudeuten. Je mehr ein Kind jedoch zu solchen Symbolisierungen angeregt wird, desto mehr rückt der Gegenstand selbst in den Hintergrund, die Bedeutung der Handlung dagegen in den Vordergrund. Der Spielforscher Rolf Oerter bezeichnet Entwicklungs- und Lernfortschritte als Nebeneffekte, die durch die Bedürfnisse des Kindes zustande kommen und vermutet, dass „in komplexen Gesellschaften wie der unseren, in denen es viel zu lernen gibt, Spielen für die Entwicklung noch wichtiger ist als in weniger komplexen Kulturen".

Psychologie

Psychologie –
gute Bindungsbeziehungen
sind das A und O

Kindertagesstätten bieten Englisch-AGs, Schach oder Mathematik an, Grundschulen üben sich in Naturwissenschaften und Lesekompetenz, doch psychische Probleme oder der konstruktive Umgang mit so genannten schwierigen Kindern kommen auch im neuen Bildungskanon nicht vor. Dabei ist es keineswegs mehr selbstverständlich, dass Kinder Gefühlszustände wie Wut, Angst oder Freude bei anderen richtig deuten und angemessen darauf reagieren können. Das wurde in den letzten zehn Jahren immer offensichtlicher. Projekte wie das Antiaggressivitätstraining „Faustlos" waren und sind die Antwort darauf. So wichtig diese Projekte sind, sie kommen meist zu spät. An diesem Punkt muss dringend umgedacht werden, denn Gefühle beeinflussen uns ab dem ersten Atemzug. Neuere Ansätze wie Babywatching oder „Ich kann Probleme lösen" (IKPL) berücksichtigen dies. Die Signale des anderen richtig „lesen" zu können, ist essenziell für tragfähige Beziehungen, für unsere soziale Kompetenz.

Entwickeln sich Kinder ihrem Alter und ihren Fähigkeiten gemäß, beginnen sie bereits ab neun Monaten zu verstehen, dass andere Menschen Wesen sind wie sie selbst. Wesen, die bestimmte Ziele verfolgen und zu diesem Zweck ihre Aufmerksamkeit bestimmten Dingen zuwenden. Diese Erfahrung ist keine Nebensache, sondern der eigentliche Beginn kulturellen Lernens. Sofern sie über die entsprechenden Kompetenzen verfügen, können schon Zwei- und Dreijährige ein Verständnis für persönliche Wahrnehmungen, Wünsche und Gefühle anderer haben. Das zeigt sich beispielsweise, wenn sie das Verhalten von anderen vorhersagen und kommentieren. Wissenschaftler sprechen von der „Theorie des Denkens" (Theory of Mind).

Die Klage der Erwachsenen, Kinder würden immer schwieriger und aggressiver, offenbart deren eigene Hilflosigkeit. Menschen lernen von Menschen, deshalb müssen die Beziehungen stimmen. Solange in unseren Bildungssystemen (und Familien) die Entwicklung von positiven Beziehungen und Gefühlen eine untergeordnete Rolle spielt, fehlt der elementare Baustein „soziale Kompetenz". Supervision, Reflexion und Evaluation – psychologische Unterstützung durch Gespräche, Nachdenken über das eigene Tun sowie die Begleitung und Überprüfung der eigenen Arbeit durch Dritte – gehörten dringend auf Platz eins der Neuerungen. Gute Beispiele dafür gibt es (sicher nicht nur) in Frankfurt: Der vorgestellte Kindergarten zeigt neue Wege der Beziehungsarbeit und in der Integrativen Schule ist die Betonung dieser Kompetenzen seit 23 Jahren Konzept.

Wie ich mich fühle, so spiele ich

Die Kindertagesstätte Frankfurt-Zeilsheim ist Treffpunkt vieler Nationen. Sprachförderung steht deshalb im Konzept an erster Stelle – jedoch nicht nur auf verbaler Ebene. Wer die vielfältigen Körpersprachen von Kindern verstehen will, braucht Feinfühligkeit und manchmal auch Dolmetscher, deshalb kooperieren hier Erzieherinnen und Psychologinnen.

„Ich will Pommes!!!", ruft Erzieherin Marlies Hübner und zieht herausfordernd die Augenbrauen in die Höhe. Elf Kinder lachen begehrlich, das hätten sie jetzt auch gern und würden auch „tausend Kugeln Himbeereis" verputzen, von denen kurz danach die Rede ist. „Wirklich? So viel könntet ihr essen?" fragt „Medi", wie sie hier von allen genannt wird. „Jaaaa!" Es gibt nichts, worüber sich die Drei- bis Fünfjährigen einiger sein könnten in dieser Vorleserunde. „Ich will" dies, „Ich will" das ... – so geht die Geschichte vom Löwenkind Fridolin weiter, mit immer unerfüllbareren Wünschen. „Was kann der Papa jetzt noch machen, was soll er sagen?", fragt die Vorleserin in die Runde. „Nein. Er muss ‚nein' sagen, antwortet Çengiz. Ganz still sind sie plötzlich alle und die Erzieherin schaut neugierig in die Gesichter. Schließlich sagt Melissa: „Das ist aber ein großes erwachsenes Wort".

Erwachsene Worte hören Kinder ständig und sie haben feine Sensoren dafür, wer von den Großen wirklich auf Empfang ist. In dieser Kindertagesstätte am Frankfurter Stadtrand sind das mittlerweile alle Erzieherinnen. Sie hören genau zu, schauen genau hin, wollen genau wissen, was die Kinder bewegt. Das zu verstehen, ist trotzdem nicht immer einfach. Zum Beispiel bei Çengiz. Heute hat er als erster den Schluss der Löwengeschichte durchschaut und ist jetzt stolz auf das dicke Lob, das er von seiner Lieblingserzieherin Medi bekommen hat. Das war nicht immer so, um dieses gute Verhältnis haben beide schwer gekämpft.

Einige Monate zuvor hatte der Junge noch ständig aggressive Ausfälle und Höhepunkt dieses Verhaltens war, als er Marlies Hübner schließlich anspuckte. „Der macht mich fertig", gestand sie während der Supervision sich selbst und dem Team ein, erinnert sich die Leiterin Angelika Schell. Dass diese Kita Supervision bekommen konnte, nennt sie einen Glücksfall. Was im Wörterbuch mit „Leistungskontrolle" oder „Oberaufsicht" übersetzt wird, bedeutet in sozialen Berufen schlicht eine Entlastung der eigenen Psyche. In gezielten Gesprächen findet ein Aufarbeiten und Durchsprechen von belastenden Erlebnissen statt, die man mit anderen geteilt hat. Für die Berufsgruppe der Erzieherinnen ist dies eigentlich nicht vorgesehen, doch die Teilnahme an der „Frankfurter Präventionsstudie" und am darauffolgenden Förderprogramm „Starthilfe" ermöglichte den Zeilsheimern für fünf

Großes Gelächter

Jahre die Zusammenarbeit mit Psychologen. „Das ist sehr hilfreich — für die Erzieherinnen, die Kinder, und die Eltern", bringt die Leiterin es auf den Punkt.

Die Seele nicht ausklammern

Eine solche Kooperation im Kindertagesstättenbereich ist ein Novum. Dass Erzieherinnen Englischkurse oder naturwissenschaftliche Experimente anbieten, wird inzwischen fast erwartet, psychische Probleme allerdings oder die Unterstützung im konstruktiven Umgang mit „schwierigen Kindern" kommen im leistungsorientierten, neuen Bildungskanon nicht vor. Das wollen Marianne Leuzinger-Bohleber vom Sigmund-Freud-Institut und Angelika Wolff vom Institut für analytische Kinder- und Jugendpsychotherapie, beide in Frankfurt, ändern. Mit ihrem Förderprogramm „Starthilfe" begann 2007 in vierzehn Pilotkindergärten der Versuch, Erzieherinnen für ein Jahr speziell im Umgang mit auffälligen Kindern zu unterstützen. Der Grundgedanke dahinter speist sich aus Erkenntnissen der vorausgegangenen „Frankfurter Präventionsstudie": Je früher der Aufbau emotionaler Bindungen und tragfähiger Beziehungen unterstützt und je früher die Kinder gleichzeitig im sozialen Lernen gestärkt wurden, um so weniger oft zeigten sie Aggressivität, Angst und Unruhe. Die Untersuchung machte eindrücklich klar, dass frühe Bildung auch die Seele des Kindes nicht ausklammern darf. Das Förderprogramm umfasst deshalb die drei Bausteine Beratung, Supervision und Intervention.

In Zeilsheim steht Gerlinde Göppel für die psychologische Beratung. Sie hospitiert einmal pro Woche in einer Kindergartengruppe und reflektiert danach mit den Erzieherinnen ihre Beobachtungen. In besonders schwierigen Fällen bietet eine Therapeutin zusätzlich „Intervention", eine Soforthilfe an. Dies geschieht ebenfalls direkt in der Kita, um Wege und hemmende Hürden für Eltern und Kinder so gering wie möglich zu halten. Schließlich setzt sich alle 14 Tage die Psychoanalytikerin und Initiatorin des Projekts Marianne Leuzinger-Bohleber mit den Erzieherinnen an den Tisch, um über ein ausgewähltes Kind zu sprechen.

Kinder in Not

Vor anderthalb Jahren waren Marlies Hübner und ihr Sorgenkind Çengiz Thema. Die Psychoanalytikerin hörte erst zu und fragt dann: „Was könnte ihm fehlen? Vielleicht wollte er Ihnen etwas damit sagen?" Das waren damals Schlüsselsätze, die das Problem des Kindes in den Mittelpunkt stellten. Erstmals bot die Supervision ein Forum, um über die Hintergründe auffälligen und problematischen Verhaltens wirklich nachdenken zu können. Kinder wie Çengiz sind im Arbeitsalltag eine große Belastung, weshalb es in ihrem Fall oft heißt „Oje! Der wieder mit seinen Macken!" Bei Kindern, die einfach nicht zu bändigen waren, fühlte sich das Team trotz Fortbildung und hohem professionellem Anspruch vorher oft hilflos und frustriert.

Ganz allgemein liegt bei solchen aufgeregten, unbequemen oder hibbeligen Kindern allzu schnell die Diagnose „ADHS" in der Luft, und wenn niemand vorher eingreifen kann, nehmen sie dieses Stigma mit in die Schule. In Zeilsheim ist dies Vergangenheit. Heute fühlen sich die Erzieherinnen in ihrem Interesse und ihrer Sorge um problematische Kinder ernst genommen und gestärkt. Sie müssen einander nicht mehr ihr Leid klagen, wie schlimm dieses oder jenes Kind sei, sondern beraten sich gegenseitig, machen sich

Jeder eine andere Lebensgeschichte

gemeinsam auf die Suche nach einem gangbaren Weg. Bei Çengiz etwa haben die Nachforschungen des Teams ergeben, dass sich dieser oft in schierer Not befand. Seine größte Angst war, allein gelassen zu werden. Die Mutter war damals unzufrieden mit ihrem Leben, hatte ständig Streit mit Çengiz' Vater, erfuhr die Psychologin Gerlinde Göppel im Gespräch. Vorsichtig ging sie auf die Probleme der Mutter ein, bot ein Gespräch mit dem Vater an, bestärkte sie in ihren positiven Gefühlen und machte ihr die Nöte des Jungen bewusst. Zur Arbeit der Psychologin gehört auch, dass sie regelmäßig mit dem Zeilsheimer Team reflektiert, was in den Kindergruppen vor sich geht. So erfährt sie dessen Beobachtungen und kann weitere Puzzlesteine zu ihrem Bild der Kinder hinzufügen. Gemeinsam wird dann überlegt, was die Erzieherinnen konkret für bestimmte Kinder tun können.

Dafür müssen sich übrigens beide Seiten einem anderen Blickwinkel öffnen. Genau darin besteht der Gewinn für die Kinder. Wie wichtig gegenseitige Transparenz ist, zeigt das Negativbeispiel einer Frankfurter Grundschule. Dort kommt – in bester Absicht – regelmäßig ein Schulpsychologe, doch leider gibt es hier keinen Austausch und kein gemeinsames Vorgehen wie in der Zeilsheimer Einrichtung. Der Psychologe kommuniziert weder mit den Pädagogen noch mit den Eltern, sondern redet ausschließlich und anonym mit den Kindern. Was in einem Fall dazu führte, dass ein Mädchen morgens nicht zur Schule erschien, das Jugendamt hatte es zu Hause abgeholt, ohne die Eltern oder die Schule vorher zu informieren.

Hinter den Spiegeln

Als Gast hat man bei den Zeilsheimer Reflektionsgesprächen den Eindruck, hinter einen Spiegel zu schauen und dort ganz andere Kinder zu sehen. Das Team versteht es inzwischen, das Bündel unglaublicher Lebensgeschichten, die hinter den zunächst unerklärlichen Verhaltensweisen entdeckt werden, mit den auffälligen Verhaltensweisen zu verbinden. Eden etwa, die kleine Eritreerin, sprach ein ganzes Jahr lang kein Wort. Traumatische Kriegserlebnisse führten dazu, dass sie sehr lange brauchte, bis sie den Kindergarten als sicheren Ort betrachten konnte. Oder Milad, ein iranischer Junge, der zum Entsetzen der umstehenden Kinder Steine schluckte, um Aufmerksamkeit zu erregen. Wie sich später herausstellte, war seine Mutter mit seinem Temperament völlig überfordert und bestrafte ihn ständig, anstatt ihm Zuwendung zu geben.

Nichts deutet äußerlich darauf hin, dass diese Kindertagesstätte am Rande der Stadt Frankfurt am Main ein „sozialer Brennpunkt" ist. Die kleinen Reihenhäuschen rundherum sehen gepflegt und nett aus, die Vorgärtchen getrimmt. Dennoch gibt es Familien, in denen der Alltag regelmäßig aus den Fugen gerät, sei es durch Gewalt, Trennung, Arbeitslosigkeit und Perspektivlosigkeit, aufgrund des unsicheren Asylstatus oder belastenden traumatischen Erlebnissen, die vor oder während der Flucht erlitten wurden. Sind Eltern zu stark mit eigenen Problemen beschäftigt, läuft Kindererziehung oft nur nebenher.

Wie in der ganzen Republik verschärfen sich auch hier die Probleme, wenn es sich um migrantische Familien handelt. Der Anteil von Kindern mit Migrationshintergrund liegt in Zeilsheim bei fast 100 Prozent. Zuhause sprechen sie Türkisch, Iranisch, Serbisch, Afghanisch, Arabisch, Somalisch oder Russisch und jedes Kind bringt eine grundverschiedene Lebensgeschichte mit. Das Aushandeln und Regeln alltäglicher Situationen ist deshalb besonders wichtig, das Team hat immer ein Auge darauf. „Hey, das müssen wir aber jetzt abklären — darf man das Spielbrett drehen oder nicht?", verlangt gerade eine Erzieherin von den zwei kleinen Mitspielerinnen am Tisch. Und eine Gruppe weiter heißt es nach einem Gerangel: „Dafür entschuldigst du dich bitte." Worauf die zwei Fünfjährigen, Laila und Kerim, ohne weitere Aufforderung aufeinander zugehen und sich die Hand geben. Gelernt ist gelernt.

*„Hey, das müssen
wir abklären!"*

Bildung braucht tragfähige Beziehungen – Interview mit Bindungsforscher PD Dr. Karl Heinz Brisch

Der Psychoanalytiker und Kinder- und Jugendpsychiater leitet die Pädiatrische Psychosomatik und Psychotherapie im Dr. von Haunerschen Kinderspital der Universität München. Aus der Initiative des 52-jährigen Vaters von drei Kindern heraus entstanden die Präventionsprogramme SAFE® „Sichere Ausbildung für Eltern" und B.A.S.E.® „Babywatching".

SM *Was bedeutet Bindung?*

KHB Das Bindungssystem gehört zu den so genannten *motivationalen Systemen*, ohne die wir nicht leben könnten: Dazu gehören die Befriedigung von physiologischen Bedürfnissen wie Essen, Trinken, Schlaf und auch Schutz ebenso wie die emotionale Bindung an eine Bezugsperson, Erkundung der Umwelt oder die Abwehr von unangenehmen Reizen, und auch die Suche nach sensorischer Stimulation auf allen Wahrnehmungskanälen und die Suche nach Selbsteffektivität. Das sind Fundamentbausteine der Persönlichkeit. Wenn irgendeiner davon fehlt oder sich nicht richtig entwickelt, funktionieren die übrigen Systeme auch nicht so gut und die gesamte Persönlichkeitsentwicklung wird schwierig.

SM *Die gesamte Entwicklung hängt von der Beziehung der Eltern zu ihren Kindern ab?*

KHB Bindung ist absolut grundlegend. Selbst wenn ein Säugling genug Kalorien bekommt und schön warm eingepackt ist: Wenn er nicht genug Zuwendung von einer Bindungsperson erlebt, leidet er emotionalen Hunger und dann wächst und gedeiht er nicht gut. Die Bildung von Körperwachstumshormonen und neuronalen Wachstumshormonen funktioniert dann einfach nicht. Emotionale Versorgung ist so grundlegend wie die mit Vitaminen. Die kann der Körper nicht selber produzieren, man kann sie aber kaufen und mit der Flasche füttern. Emotionale Nahrung dagegen nicht. Vielmehr muss sich ein menschliches Gegenüber emotional mit einem Säugling beschäftigen.

SM *Warum sprechen Sie mit den SAFE®-Kursen Eltern schon in der Schwangerschaft an?*

KHB   Weil es diesen spezifischen Hintergrund gibt, den wir jeden Tag in der Kinderklinik erleben. Eltern kommen mit ihrem Baby zur Untersuchung und Behandlung, die gerade ihren Säugling etwa geschüttelt, also misshandelt haben. Und wenn ich mich frage, wie das passiert ist und nach deren eigenen Kindheitsgeschichten frage, berichten sie von ungelösten, traumatischen Erfahrungen. Das können Gewalt, Missbrauch, Misshandlung oder Deprivation sein.

Wir waren schon lange damit beschäftigt, solchen Eltern eine traumazentrierte Psychotherapie anzubieten, *nachdem* etwas passiert war. Irgendwann war ich aber so frustriert, dass ich gesagt habe, das kann ich so nicht weiter machen! Wir müssen vorher anfangen, weil wir inzwischen verstehen, wie es zur Weitergabe von Gewalt von einer Generation zur nächsten kommt. Die Kurse richten sich aber grundsätzlich an alle Eltern, weil wir möglichst vielen helfen wollen, ihren Kindern eine sichere Bindungsentwicklung zu ermöglichen. Aber auch ohne traumatische Erfahrungen in der eigenen Kindheit gibt es genügend schwierige Situationen, die jede Mutter und jeden Vater — mich auch — erschöpfen, etwa wenn ein Baby stundenlang ohne ersichtlichen Grund weint. Dann ist es gut, wenn man weiß, wie man sich verhalten und wo man sich Unterstützung holen kann.

SM *Was fällt bei den „Bindungsinterviews", die Sie mit den Eltern führen, besonders auf?*

KHB   Die größte Sorge der Eltern ist, sie könnten ihr Baby verwöhnen. Und das ist wirklich eine besondere deutsche Spezialität.

SM *Ist das ein Erbe aus der Nazizeit?*

KHB   Das denke ich schon. Johanna Haarers Erziehungsbuch von 1934 „Die deutsche Mutter und ihr erstes Kind" war geradezu eine Anleitung, wie Eltern ihr Baby daran gewöhnen können, maximale Frustrationen auszuhalten. Diese Ratschläge spuken noch immer in den Köpfen der jungen Eltern von heute — und natürlich in den Köpfen der Großeltern, die selbst so erzogen wurden.

SM *Viele Eltern aber haben ein gegenteiliges Problem, sie setzen oft keine Grenzen mehr.*

KHB   Das ist die absolute Gegenbewegung. Solche Eltern lehnen autoritäre Erziehung ab, sind aber oft sehr hilflos, wie sie sich etwa bei Wutanfällen ihres Kindes verhalten sollen. Grenzen bedeuten jedoch auch Sicherheit und Schutz. Wenn ein Kind seine Umgebung erkundet und weder sich noch andere gefährdet, kann man sich daran freuen, wie neugierig es ist. Wenn ich aber nicht will, dass es den Schrank ausräumt, dem Nachbarjungen eine Schaufel ins Gesicht schlägt oder Feuer macht, muss ich eine eindeutige Grenze ziehen und dem Kind — ohne Gewalt — vermitteln, dass dieses Verhalten nicht erwünscht ist.

SM *Wie können Erzieherinnen erkennen, ob eine Bindungsstörung vorliegt ist und ob Handlungsbedarf besteht?*

KHB Es gibt verschiedene Muster von Bindungsstörungen im Kindergartenalter. Eines davon ist „promiskuitives Bindungsverhalten". Das sind Kinder, die jedem auf den Schoß springen, mit jedem schmusen. Sie sind scheinbar pflegeleicht, weil sie kein Theater in Trennungssituationen machen, sondern wahllos mit jeder Erzieherin gut Freund sind. Sie gehen auch mit Fremden einfach mit – aber das ist eben kein gutes Sozialverhalten. Diese Kinder zeigen keine sichere Bindung an eine spezifische Person, sondern Pseudo-Bindungen, das bedeutet, die potenziellen Bindungspersonen sind beliebig austauschbar.

Ein anderes Muster ist, wenn Kinder in Anwesenheit ihrer Bindungsperson gehemmt sind. Etwa, wenn sie durch ihre Eltern Bedrohungen erleben. Normalerweise laufen sie zu ihren Eltern, wenn sie Angst haben. Wenn sie aber nicht wissen, ob dort Schimpfe oder Schläge warten, wollen sie sich zwar annähern, fürchten sich aber gleichzeitig davor – sie wissen nicht, was sie tun sollen und verharren in einem gehemmten Verhalten.

SM *Was kann eine Erzieherin tun, wenn sie glaubt, solche Muster zu erkennen?*

KHB Wenn eine Erzieherin solches Verhalten beobachtet, wäre es dringend angeraten, mit den Eltern darüber zu sprechen, damit eine genauere Diagnostik, etwa bei niedergelassenen Kinder- und Jugendpsychiatern oder Kinderpsychotherapeuten stattfinden könnte; eventuell wäre auch eine Spieltherapie angezeigt. Bei einer solchen Psychotherapie für Kinder findet immer auch eine intensive Elternarbeit statt. Wenn Eltern aber ganz uneinsichtig sind und geradezu stolz darauf, dass ihr Kind mit jedem Fremden geht und sich in ängstigenden Situationen scheinbar problemlos verhält, sollten Erzieherinnen auf jeden Fall weiter mit ihnen im Gespräch bleiben. Bleiben sie abweisend, könnte das Jugendamt helfen, denn diese Kinder sind in ihrer Entwicklung gefährdet und brauchen Hilfe. Die Eltern übrigens ebenso, denn solche Kinder sind nicht nur im Kindergarten schwierig zu führen, sondern auch zu Hause.

SM *Sie zeigen werdenden Eltern Videos von Eltern-Kind-Interaktionen und schicken bei dem Projekt „Babywatching" Mütter mit ihren Babys in den Kindergarten – warum?*

KHB Im Wesentlichen sind diese Präventionsprojekte Schulungen, um die Empathiefähigkeit von Eltern oder Kindergartenkindern zu verbessern. Inzwischen führen wir das Projekt der Beobachtung von Mutter und Baby auch für Grundschulkinder durch. Beim Babywatching geht es darum, dass sich die Kinder während der Beobachtung von Mutter und Baby in deren Bedürfnisse hineinversetzen und aus ihrer Sicht schildern, was das Baby an Signalen sendet, wie die Mutter darauf reagiert und was beide dabei empfinden. Obwohl die Mutter nur einmal in der Woche für 30 Minuten mit ihrem Baby in den Kindergarten kam, waren die teilnehmenden Kinder nach einem Jahr weniger aggressiv, hatten weniger Angst, verhielten sich sozialer und waren weniger hyperaktiv.

SM *Müssen auch Lehrer etwas von Bindung verstehen?*

KHB Auf jeden Fall. Kinder brauchen Bindungsbeziehungen, nicht nur mit den Eltern, sondern mit allen, die sie erziehen. Vor der Bildungsförderung muss die Bindungsförderung stehen. Was wir brauchen sind bindungsorientierte Schulen, in denen sich Lehrkräfte als Bindungspersonen verstehen, die Kindern Schutz und Sicherheit geben. Erleben Kinder ihre Lehrer als sichere Basis, werden sie auch den Lernstoff entspannter aufgreifen können. Kinder, die noch nie die emotionale Erfahrung einer sicheren Bindungsperson gemacht haben, könnten dies bei ihrer Lehrerin oder ihrem Lehrer zum ersten Mal erfahren. Das wäre ein großer Gewinn für ihr weiteres Leben, denn eine sichere Bindungserfahrung ist ein emotionaler Schutzfaktor gegen emotional belastende Erfahrungen.

SM *Warum gibt es so oft eine Kluft zwischen Lehrern und Schülern?*

KHB Noch immer ist nicht allen in der Schule klar, dass eine angstfreie Atmosphäre und eine sichere Bindungsbeziehung zum Lehrer die Voraussetzung für motiviertes und neugieriges Lernen ist. Es ist nicht nachzuvollziehen, dass Lehrer nicht als Grundvoraussetzung für ihren Beruf eine intensive Einzel- und Gruppenselbsterfahrung machen müssen. Diese könnte schon am Anfang ihrer Ausbildung stehen, damit wüssten sie frühzeitig, ob sie geeignete emotionale Fähigkeiten und eine entsprechende Persönlichkeitsstruktur als Voraussetzung mitbringen, die ihnen ermöglicht, ein Berufsleben lang mit jungen Menschen zu arbeiten. Es gibt für Lehrer leider auch keine verpflichtende Supervision, die ihnen während ihres Schuldienstes ermöglichen würde, schwierige Situationen in den Beziehungen mit Schülern auch einmal unter dem Aspekt ihrer eigenen Persönlichkeitsstruktur zu betrachten.

SM *Das gilt aber nicht nur für Lehrer, sondern ist ein gesamtgesellschaftliches Problem.*

KHB Durchaus. Die gesamte Gesellschaft ist eher bindungsvermeidend. Das größte Erziehungsziel lautet derzeit schon für ein Baby: so viel Autonomie und Selbstständigkeit so schnell wie möglich. Viele Ressourcen liegen brach, weil Kinder in Situationen allein gelassen werden, in denen sie Angst haben. Von einer sicheren Bindungsbasis aus mit guter emotionaler Unterstützung und innerer Sicherheit dagegen machen sich Kinder von selbst auf den Weg, die Welt neugierig zu erkunden.

Hier wird niemand behindert

Diffuse Berührungsängste haben an der Integrativen Schule Frankfurt keine Chance. Kinder mit und ohne Lernbeeinträchtigung werden hier einfach als „normal verschieden" betrachtet und gemeinsam unterrichtet – und alle profitieren davon.

„Ich hasse es! Was kommt nach 90?", stöhnt der zehnjährige Mark über seinem Mathe-Buch. „89!", hilft Tischnachbarin Charlotte. Rückwärts zählen ist die Aufgabe. Doch Mark verdreht erst die Zahl zu 98 und zählt dann wieder vorwärts: „99?" „Nein, 88!" Charlotte versucht ihm auf die Sprünge zu helfen: „Du musst rückwärts zählen, was könnte vor 88 kommen?" Er überlegt lange, schließlich strahlt er: „87 und dann 86. Ach, endlich hab' ich's!" Als er über der nächsten Aufgabe wieder anfängt zu stöhnen und zu verzweifeln, ist Renate Eckhardt, eine der beiden Lehrerinnen dieser vierten Klasse, zur Stelle und beruhigt: „Charlotte lass mal, das muss Mark noch nicht können." Puh, grinst er und schlakst quer durch den Raum zum Computer, um ein Englisch-Lernspiel zu machen. Dieser kleine Einblick zeigt beispielhaft, wie an der Integrativen Schule Frankfurt (kurz „Inti") Kinder mit und ohne Behinderung gemeinsam lernen.

Was hier unspektakulärer Alltag ist, scheint für das Gros der staatlichen Grundschulen undenkbar: verschiedene Lerntempi. Das Geheimnis der Inti heißt „differenzierter Unterricht", individuell auf jedes Kind zugeschnittene Arbeitspläne. In jeder Klasse sind 20 Kinder, davon vier mit Förderbedarf. Überflieger werden gefordert, indem sie kleine Lernprojekte selbst gestalten, und die anderen, indem sie das normale Regelschulpensum absolvieren und dabei noch den schwächeren behilflich sind. Wenn Regelschuleltern von lernschwachen Kindern in der Klasse wissen, fürchten sie meist, ihr Kind lerne nicht genug. In der Inti ist das kein Thema, jedes Kind kommt vorwärts, das merken die Eltern selbst und das bestätigen Rückmeldungen aus 20 Jahren Praxis. Noten gibt es nicht, dafür ausführliche Berichte. In den normalen, 30 Kinder starken Regelschulklassen dagegen ist weder diese Differenzierung drin, noch die Gelassenheit, mit der jedes Kind zum Ziel kommen kann.

Jedem sein Tempo

„Manchmal mache ich sieben verschiedene Arbeitspläne, für jede Lerngeschwindigkeit einen anderen", lacht Förderschulpädagogin Renate Eckhardt, die sich mit der Grundschullehrerin Tanja Krieger und der Erzieherin Wally De Bernardo die Klassenführung teilt. Es ist verblüffend einfach. Lernverzögerte Kinder wie Mark können in Ruhe über ein Mathe-Problem nachdenken, während Mitschüler wie Tobias, Charlotte oder Marie schon bei komplexeren Aufgaben angelangt sind. Ähnlich werden die anderen Förderkinder dieser Klasse integriert: Claire ist durch das nervöse Tics verursachende Tourettesyndrom in ihrer Konzentrationsfähigkeit beeinträchtigt. Jede Schulstunde kostet

sie unglaublich viel Nervenkraft. Für Victor und Erkan dagegen ist schon das Bilden ganzer Sätze ein Erfolg. Beide sind geistig behindert, der eine mit unklarer Diagnose, der andere hat das Downsyndrom.

Für diese vier Kinder gibt es jede Woche „lebenspraktische Übungen". Beim Einkaufen letzten Montag lernten sie: Wie sehen exotische Früchte aus? Wo ist die Kasse? Wie bezahlt man? Zurück in der Schule wurden Ananas, Kiwi, Orangen und Bananen zu leckerem Nachtisch für alle verarbeitet. Wo? In der kleinen Teeküche, die zu jedem Klassenraum gehört. Die Ausstattung der Lernräume ist, wie die der gesamten Schule, ein Hingucker. Richtig gemütlich ist der große Klassenraum, schließlich wird hier bis nachmittags gearbeitet. In dieser Lern-WG sind Hausschuhe üblich und für alle Aktionen ist genug Platz. Die Längswand des großen Raums wurde mit einem Wandschrank mit Schiebetüren bestückt. Dort hat jedes Kind seinen Spind, der Jacken, Straßenschuhe und diverse Materialien aufnimmt. Außerdem gibt es eine Computerecke und viele Bücherregale. Das ist noch nicht alles — ein kleinerer Nebenraum birgt Küche, einen weiteren Computer und einen runden Tisch mit viel Platz zum Arbeiten. Hier werden die „Allein"-Tests geschrieben, die regelmäßig auf dem Wochenplan auftauchen und die jedes Kind für sich zu erledigen hat. Oder aber der runde Tisch wird genutzt, um sich mit den Förderkindern mit einer speziellen Aufgabe zurückzuziehen. Während des Unterrichts ist draußen im großen Flur das Licht aus, dafür leuchtet es bunt aus länglichen Glasfenstern, mit denen der Schall gedämmt und gleichzeitig die Wände aufgepeppt wurden. Der Lernort ist gleichzeitig Lebensort.

„Marie und Geografie"

Zurück zur Lebenspraxis, die mit Fotos dokumentiert wird, so auch am letzten Einkaufsmontag. Victors und Erkans Aufgabe ist es heute, die Fotos auf Blätter zu kleben, diese in Plastikhüllen zu bugsieren und dann in den großen, gelben Ordner einzuheften, der das Portfolio ihres Wissenserwerbs darstellt. Erkan schaut sich die Fotos an und spielt mit dem Klebestift. Renate Eckhardt lässt nichts durchgehen: „Erkan, mach keinen Quatsch!" Er schüttelt ernst den Kopf und versucht die Foto-Blätter einzutüten. Dem Besucher zuckt es in den Händen, um zu helfen: die Blätter sind zickig, wollen nicht in die Hüllen, rutschen, bäumen sich auf, klemmen rechts, kauern links … Es dauert, aber auf einmal hat er den Bogen raus: „Hey du hast es ja geschafft — ganz allein! Toll!" Die Lehrerin ist begeistert über den Lernfortschritt und Erkan schenkt ihr ein ebenso hinreißendes wie stolzes Lächeln.

Eine Schule für alle

Gar nicht so einfach, sich in solchen Augenblicken zurückzunehmen und den Schüler allein machen zu lassen, bestätigt Eckhardt. Damit das klappen kann, muss das Lehrerteam gut kooperieren und sich viel mit den Kindern sowie sich selbst auseinandersetzen. Schulleiter Lutz Kunze zitiert gern ein chinesisches Sprichwort „Wer andere beurteilen will, muss sich erst selbst beurteilen. Wer andere erkennen will, muss erst sich selbst erkennen." Als die Inti vor 22 Jahren von ihren evangelischen Trägern gegründet wurde, stellte sie bewusst das etablierte Prinzip Sonderschule in Frage. Denn was einen Regelschüler gegenüber einem Förderschüler als besonders normal auszeichnet — dazu gab und gibt es bis heute keine klare Definition.

„Integrative Pädagogik" betrachtet Verschiedenheit einfach als normal. Wer dies nicht gewohnt ist, hat oft unbestimmte Ängste vor dem Anderssein der behinderten Kinder. Viele Eltern können sich weder ein problemloses Zusammensein noch einen gemeinsamen Unterricht der Kinder vorstellen. Anstatt aufzuklären, erschweren die Bildungsministerien der meisten Länder zunehmend die Integration und unterstützen so die diffuse Abwehrhaltung. Die Inti-Kinder haben Kindern in Regelschulen eine Menge voraus. Sie erfahren täglich, dass Verschiedenheit — auch die eigene — normal ist und weder verlacht noch geschlagen oder ignoriert gehört. „In unseren Klassen haben wir nicht vier, sondern 20 Integrationsplätze", meint Kunze mit feinen Lächeln. Finanziert wird das einzügige Privatschulmodell, das 80 Kinder besuchen, über den evangelischen Träger, das Land Hessen und die Eltern, die als Regelsatz 180 Euro pro Monat bezahlen. „Wir gehören zu der Gründungswelle von Schulen in den 80er Jahren, die etwas verändern wollten – mit hohem sozialen Anspruch", erinnert er. Heute dagegen gehe es immer offenkundiger darum, Privilegien nur für die eigenen Kinder zu sichern.

Für ihn und sein Team gelten andere Prioritäten. Kunze empfindet Glück, wenn ein Kind wie Victor, das zum Schulanfang nur einfache Worte wie „Mama" sprechen konnte, nun komplexe Sätze bilden und sogar in einem Theaterstück bestehen kann. Wie alle Viertklässler vor ihnen werden sich nämlich auch diese mit einer Aufführung von ihrer Schule verabschieden. In Kostümen aus selbst bemalten Seidentüchern, mit Texten, die im Deutschunterricht besprochen wurden, mit Musik und Tanz. Selbstbewusst steht die kleine Truppe auf der Bühne. Mark verkündet mit kräftiger Stimme und kühnem Blick das Programm und Marie fasst in einer Szene die gelebte Integration in einem Satz: „Doofe gibt's in jeder Farbe."

„Doofe gibt's in jeder Farbe"

Hintergrund:
Lernen – eine soziale Aktivität

*Jeder glaubt zu wissen, was Lernen heißt, doch die Vorstellungen sind
oft unterschiedlich. Unstrittig ist heute allerdings: das Verständnis für Zusammenhänge
rangiert vor reinem Faktenwissen. Das erfordert neue Lehrmethoden.
Kooperatives Lernen könnte ein Wegweiser in die Zukunft sein.*

In den letzten fünf Jahren ist der Stellenwert früher Bildung enorm gestiegen — jedenfalls auf rhetorischer Ebene. Was frühe Bildung jedoch genau beinhalten soll, darüber gehen die Meinungen auseinander. Manche wollen schon erste Schulstunden im Kindergarten, andere meinen trotzig, gerade in dieser Gesellschaft sollten Kinder um Himmels willen so lange spielen dürfen, bis der Ernst des Lebens, die Schule beginnt. Beides hat mit optimaler Förderung wenig zu tun. Beide Vorstellungen sitzen einer Fehlinterpre-

tation auf. Wenn es heißt, Kinder lernten spielerisch, sollte man genau hinschauen. In den USA etwa ist es üblich, dass Kinder mit fünf Jahren lesen können (müssen). Daher ist es in den dortigen Kindergärten, den Pre-Schools, üblich, den Kleinen schon ab einem Alter von knapp drei Jahren täglich eine halbe Stunde „Letters" zu servieren. Die Erzieherin sagt dann, „Das ist ein A, das ist ein B, das ist ein C." So hat es die Psychologin Kristin Gisbert-Schuppan beobachtet und sie kritisiert: „In den USA wird gesagt, Hauptsache, es ist spielerisch. Hauptsache, es macht Spaß. Deshalb wird an die Buchstaben einfach eine Sesamstraßenfigur geheftet. Aber, das ist Etikettenschwindel, das hat mit Spielen nichts zu tun."

Ebenso sollten Verfechter des scheinbar behütenden Prinzips „Lasst die Kinder spielen, bis die Schule beginnt" den Blick schärfen. Denn Spiel ist sicherlich die hauptsächliche Aktivität eines Kindergartenkindes, dennoch hat es bereits Bildungsbedürfnisse, die durch Spielen allein nicht befriedigt werden können. Die Frage ist allerdings, wie man damit umgeht. Hierzu ein Beispiel aus einem deutschen Kindergarten, wieder von Kristin Gisbert-Schuppan, die folgenden Dialog zwischen einer Erzieherin und einem dreijährigen Jungen erlebte: Er fragte: „Warum fallen die Planeten nicht vom Himmel?" Die Erzieherin antwortete: „Ich glaub', das weißt du schon." Darauf er: „Wegen der Gravitation, weil die sich um die Sonne drehen, die Sonne zieht die Planeten an." Doch der Junge dachte weiter nach und sagte dann: „Ja, aber warum fällt die Sonne nicht vom Himmel?" Schlaues Kerlchen. Die Erzieherin war erst mal sprachlos.

Und was denkst du?

Um solchen kleinen Philosophen gerecht zu werden, muss man wissen, wie man Antworten finden kann. Allein durch Spielen sicher nicht. Spielen ist als eine Form des Lernens wichtig und darf auf keinen Fall vernachlässigt werden, nur kann man nicht sagen, dass Spielen ausreicht, damit Kinder etwas lernen. „Je vielfältiger die Anregungen ausfallen, desto besser", davon ist die schwedische Forscherin für Frühkindpädagogik Ingrid Pramling Samuelsson überzeugt: „Wir müssen ihnen Fragen stellen! Aber nicht um der richtigen Ant-

worten willen, sondern damit wir ihre Gedankengänge erfahren und sie den Kindern selbst bewusst machen können." Vertrauen ins eigene Denken aufbauen, so ihre Überzeugung, sei eines der wichtigsten Ziele von Erziehung.

Wenn heute im Kindergarten schon bei der Anmeldung gefragt wird, wie die Vorschularbeit aussieht, mag das als neue Akzeptanz einer Notwendigkeit früher, qualitätsvoller Bildung gewertet werden. Allerdings offenbaren Fragen und Forderungen nach „Vorschulmappen" oft nichts anderes als die Sorge um spätere Berufschancen der Kinder. Wer fragt schon die Erzieherinnen danach, was sie unter Bildung verstehen und wie sie diese mit der Grundschule verzahnen. Zum Glück gerät an diesem Punkt etwas in Bewegung. Es sind noch immer Pioniere, die jetzt die Kooperation zwischen den verschiedenen Bildungssystemen umsetzen und vorantreiben. Nun kommt es darauf an, die neu gewonnenen Erkenntnisse nicht den alten Berührungsängsten und Vorverurteilungen zu opfern. Diese Gefahr aber besteht, solange in öffentlichen Debatten weiter genau das gefordert wird, was Studien schon vor und auch nach PISA als schädlich ausgewiesen haben: frühe Auslese, Anpassungsdruck, Leistungsdrill und Hochgeschwindigkeitsbildung im Gleichschritt. Wenn die Angst um die (Arbeits-)Zukunft für die nächsten Generationen in derartigem Leistungsdruck gipfelt, leistet die Gesellschaft ihren Kindern einen Bärendienst.

Lernwohl vor Lernweh

Drillkonzepte, wie modern sie sich auch immer geben mögen, vernachlässigen die Tatsache, dass „Kinder von Menschen lernen", wie Kindheitsforscherin Donata Elschenbroich nicht müde wird zu erinnern. Lernen ist eine soziale Angelegenheit. Wie es mir geht, so spiele ich – stellten die Psychologen des Sigmund-Freud-Instituts bei ihren Studien in Frankfurter Kindertagesstätten fest. Dass dies in Abwandlung auch (und sicher nicht nur) für die Grundschule gilt – Wie es mir geht, so lerne ich – ist eine wichtige Erkenntnis aus der Untersuchung „Kinderpanel – Aufwachsen in Deutschland", einem Projekt des Deutschen Jugendinstituts (DJI). Dessen zentrale Aussage lautet: Nicht allein pädagogische Konzepte oder vorschulisches Lernen ebnen den Weg in die Schule, sondern das Wohlbefinden.

Die Münchener Soziologen wagten erstmals die Verknüpfung zwischen soziologischem und entwicklungspsychologischem Blick – ein neuer Forschungsansatz, in dem durchgängig nach dem Wohlbefinden der Kinder in verschiedenen Lebenslagen gefragt wurde. Mit diesem gezielten Blick über den soziologischen Tellerrand reagiert das DJI auf eine Grundsatzkritik, soziologische Familienforschung katalogisiere nur „äußere Umstände" und übersehe dabei das Wesentliche, das heißt die wechselseitige Beeinflussung der Lebensumfelder Familie, Gleichaltrige und Kita/Schule, in denen Aufwachsen stattfindet. Doch was vielleicht noch revolutionärer ist: Das Kinderpanel erforschte auch erstmals die Kinderperspektive und befragte Kinder ab dem Grundschulalter selbst.

Für die auf drei Jahre anlegte Studie wurden zwischen 2002 und 2005 rund 5000 Kinder zwischen fünf und dreizehn Jahren sowie deren Eltern zu unterschiedlichen Themenbereichen befragt. Untersucht wurde unter anderem, ob und wie sich die Familienform auf die Bildungsbiografie der Kinder auswirkt. Kurze Antwort: Nein. Das scheint nur im ersten Moment überraschend, denn Schulleistungen gründen laut Studie durchweg auf dem Wohlfühlen und der Persönlichkeit der Kinder. Dafür ist jedoch nicht die Familien-Struktur, sondern die Qualität der Beziehungen entscheidend. Dasselbe gilt für die Kindertagesstätte. Ob diese auf dem Land oder in der Stadt gelegen ist, ob das Kind drei, fünf oder acht Stunden dort verbringt, hat demnach keinen Einfluss auf spätere Schulleistungen. Wohl aber, wie gut es sich dort gefühlt hat. Die Ergebnisse zeigen einen deutlichen Zusammenhang zwischen einem sensiblen pädagogischen Konzept, also auch einer guten Schulvorbereitung, und dem Wohlbefinden der Kinder in ihrem Freundeskreis. Gute Einbindung in die Freundesgruppe ermögliche die Entwicklung eines „positiven Selbstbilds, größerer sozial-kognitiver Aufgeschlossenheit und höherer Selbstwirksamkeitserwartungen". Das „Wohlbefinden der Kinder in der Schule" wiederum setzt sich laut Studie hauptsächlich aus folgenden Bausteinen zusammen: „positives Familienklima, hohe soziale und kognitive Aufgeschlossenheit, hohe Mitbestimmung im Unterricht sowie gute Noten".

Gemeinsam angepackt

Schade, dass man sich in Deutschland nie dazu hat durchringen können, Kindergarten und Grundschule zusammenzulegen, obwohl das von Experten seit 35 Jahren gefordert wird. Denn was in vielen Kitas so fantasievoll beginnt, fällt oft in den ersten Schuljahren den starren Lehrplänen zum Opfer. Noch stellt der Übergang meist eine tiefgreifende Zäsur für Familien dar, man könnte es auch Lernkulturschock nennen, wenn plötzlich das selbstbestimmte, gemeinsame Lernspiel durch starre Regelwerke und Prüfsituationen ersetzt wird. Auch Erwachsene müssen eben das Lernen neu lernen und soziale, offene und kooperative Lernformen üben, die sich näher am Kind orientieren und keine so große Kluft entstehen lassen zwischen „ich will" und „ich soll". Dies erfordert aber viel Erfahrung, weiß die Kooperatives-Lernen-Verfechterin Dietlinde Heckt von der Universität Oldenburg. Jedenfalls falle es den Lehrkräften in ihren Fortbildungsseminaren nicht leicht. Das kooperative Lernen hat einen hohen ethischen Anspruch: Niemand soll ausgeschlossen werden. Dazu gehört auch, dass der Lehrer sich hinterfragbar machen muss, ohne allerdings dabei seine Orientierungsrolle zu verlieren — ein Persönlichkeitstest.

Die Herausforderung der Stunde heißt unbedingt, nicht wieder der unseligen Gleichung der 30er-Jahre-Erziehung zu verfallen, die postulierte, Druck plus Drill ergebe gute Leistungen. Aber auch, nicht weiter Sündenböcke auf allen Seiten zu suchen — böse Lehrer, böse Eltern, böse Politiker. Zur Gesellschaft gehören ja alle. Und alle haben die Pflicht, nicht immer nur ins Portemonnaie zu schauen, sondern ein positives Weltbild zu entwickeln, Kindern Vertrauen auf den Weg zu geben. Es war ja nicht die Pädagogik allein, die den PISA-Sieger Finnland ausgezeichnet hat, sondern der Umgang mit den Kindern. In den differenzierten Analysen der Pisa-Studie wird nämlich auch die Schulkultur berücksichtigt: Demnach war diese bei Pisa-Gewinnern wie Finnland, Kanada oder Japan durch die „Unterstützung der Schüler" gekennzeichnet — Deutschland dagegen gehörte mit Polen, Russland, und Korea zu einer Gruppe, in der „Leistungsdruck" das vorherrschende Merkmal war.

Jeder, der sich weiterentwickelt, kommt einmal in eine Krise und hat dann die Chance, Inventur zu machen, umzudenken. Die Qualität der frühen Bildung hängt auch damit zusammen, wie aufgeschlossen die Einrichtungen gegenüber Kritik sind, sei es von außen oder von innen. Die Kritiker selbst, Eltern, Politiker, Pädagogen, müssen sich an ihren konstruktiven Vorschlägen, ihrem Ton und ihrem Tun messen lassen.

Mathematik

Mathematik –
das Unsichtbare begreifen

Eigentlich gibt es beim Thema Mathematik nur zwei Reaktionen: entweder ein selbstsicheres „Kein Problem!" oder ein entschuldigendes „Uhh, das kann ich gar nicht …". Letzteres äußern meist Frauen, womöglich aber nur, weil sie schon als Mädchen auf dieses Klischee festgelegt wurden. Dies legen die Ergebnisse der Evaluationsstudie nahe, die Gerhard Friedrich zu seinem „Komm ins Zahlenland"-Projekt anfertigen ließ. Denn: Mathematische Fragestellungen nicht gut verstehen ist eine Sache — mathematische Fragen nicht gut oder gar nicht erst stellen, ist womöglich die Ursache. Anne-Marie Muhs, die den Bauernhofkindergarten in Krummbek eingeführt hat, macht bei ihrem neuen Projekt, der „Lernwerkstatt für Lernlotsen" regelmäßig folgende Beobachtung: Grundschullehrerinnen und Erzieherinnen, die in der Mathe-Ecke das Montessori-Material kennen lernen, verstehen dort oft zum ersten Mal, wie eine Quadratwurzel gezogen wird und äußerten dann: „Hätte mir das bloß früher mal jemand so erklärt!"

Mathematik braucht pfiffiges Anschauungsmaterial, denn sie gehört nun mal zum Abstraktesten, was unsere Lernwelt zu bieten hat. Auch Hirnforscher können nicht genau sagen, wie wir begreifen, was eine Fläche ist oder was Zahlen bedeuten. Deswegen sind frühe mathematische Erlebnisse wichtig: Knöpfe, Perlen oder Samenkerne sortieren gehört ebenso dazu wie Bildmuster legen oder serielle Reihenfolgen konstru-

ieren. Wichtig ist, dass Erzieherinnen oder Pädagogen Anlässe schaffen und die Kinder in ihrem Tun unterstützen können. Dazu gehört durchaus auch, Zahlen in den Alltag zu integrieren, beispielsweise im Kindergarten nicht einfach zu sagen: „Wir brauchen noch Stühle, sondern: Wir brauchen noch vier Stühle." Haben Kinder die Grundprinzipien des Addierens und Subtrahierens an überschaubaren Mengen ausprobiert, können sie diese später auch auf größere Mengen übertragen. Es funktioniert wie beim Spracherwerb: Hat man erst mal die Grundregeln begriffen, kann man auch Sätze bilden, die man noch nie zuvor gehört hat.

In den Beispielen, die wir vorstellen, gibt es Mathematik zum Anfassen, zum Begehen und zum Ertüfteln — immer vom Interesse des Kindes ausgehend. Die städtische Kindertagesstätte in Lahr hat vor fünf Jahren erstmals das Projekt „Komm mit ins Zahlenland" getestet und mittlerweile ins reguläre Programm aufgenommen, die Grundschule im Hamburger Stadteil Curslack-Neuengamme verfügt über eine eigene Lernwerkstatt, die jahrgangsübergreifend vielfältige Erfahrungen mit Mathematik bietet.

Spaß mit Mathe im Kindergarten

*Im Lahrer städtischen Kindergarten ist Mathematik kein Fremdwort.
Durch das Projekt „Komm mit ins Zahlenland" werden die Kinder dort spielerisch
mit dem Zahlenraum von eins bis zehn vertraut gemacht. Das erstaunlichste Ergebnis:
Besonders Mädchen profitieren später davon.*

Punkt, Komma, Strich ... In der ersten von zehn Kindergarten-„Mathestunden" malt Gerhard Friedrich dieses fehlerhafte „Mondgesicht" auf ein Blatt Papier und sagt dann: „Ich hab' gestern in den Spiegel geschaut und so ausgesehen." Die Kinder lachen: „Stimmt gar nicht, du hast zwei Augen". Der „Zahlenmann", wie die Kinder den Initiator der „Mathematikstunden" nennen, hat auch zwei Ohren. Aber was hat er, was haben alle nur einmal? Heute nämlich geht es um die Eins. Das

unvollständige Gesicht ist ein guter Trick, der die vier- bis fünfjährigen Teilnehmer des Projekts „Komm mit ins Zahlenland im Handumdrehen für Zahlen sensibilisiert. Das ambitionierte Modell basiert auf einer simplen Idee: Der Erziehungswissenschaftler Friedrich hat den Begriff „Zahlenraum" ganz wörtlich genommen und ihn begehbar gemacht. Ins „Zahlenland"-Zimmer hüpfen die Kinder über Teppichfliesen, die mit großen Ziffern beklebt sind; Puppen oder Tierfiguren in Ziffernform geben den Zahlen ein eigenes Gesicht und erleben Abenteuergeschichten, und jede neue Zahl wird in einem Lied vorgestellt.

Seit fünf Jahren macht der Lahrer Kindergarten gute Erfahrungen damit, Kinder spielerisch mit Zahlen vertraut zu machen. Gerhard Friedrich testete seine Idee nicht zufällig dort, es war der Kindergarten seines Sohnes. PISA hin, PISA her, zunächst war die Skepsis groß: Rechnen für Vierjährige? „Auf keinen Fall! Uns geht es nicht ums Zahlenpauken." Lächelnd, aber bestimmt verscheucht Leiterin Beate Schönle-Walter das Gespenst vom „verschulten Kindergarten". Von Anfang an gestaltet sie zusammen mit „Zahlenmann" Friedrich die wöchentliche Mathestunde und weiß: „Das kommt supergut an bei den Kindern".

Die Eins mit der Zipfelmütze

Innerhalb von zehn Wochen werden dabei zunächst die Zahlen von eins bis fünf und im zweiten Schwung von sechs bis zehn eingeführt. Jede neue Zahl wird durch selbst angefertigte Strickpuppen zu einem Zahlenwesen. Dazu gibt es etwa bei der Eins das Einser-Lied „Eins ist mein Name, kennst du mich schon?...", das mit nur einem Ton komponiert wurde und dazu eine Geschichte. Darin erlebt heute die rote Eins mit der Zipfelmütze ein Abenteuer. Friedrich erzählt, wie der böse Zahlenkobold dem Einhorn das Horn stiehlt. Die Kinder streicheln die traurige Eins. „So darfst du sie nicht streicheln, das tut ihr weh", sagt Maria und zeigt Patrick, wie er es richtig machen soll.

Was gibt's in meinem Gesicht nur einmal?

Neben dem Zusammenspiel von Fachdidaktik und Elementarpädagogik schöpft das Konzept aus Erkenntnissen der Entwicklungspsychologie und Hirnforschung. Nach aktuellem Wissensstand ist das menschliche Gehirn zwischen dem fünften und zehnten Lebensjahr besonders aufnahmebereit. Zwar ist die „Nutzbarkeit" dieser sensiblen Phase so umstritten wie der Begriff „Neurodidaktik", doch jeder, der mit Kindern arbeitet, weiß wie leicht sie in diesen Jahren zu motivieren sind und wie wissbegierig sie Warum? fragen. Für die Lahrer Kinder indes bleibt die Neuro-Theorie hinter den Geschichten und Liedern unsichtbar. Keine künstlich aufgesetzten Theoriebausteine waren das Ziel, sondern ganz praktisch die Aufforderung zum Tun.

Beispiel Zahlenweg. Immer, wenn der Zahlenmann kommt, laden die Teppichfliesen dazu ein, den Zahlenstrahl von eins bis zehn zu betreten. Die Fünfjährigen, die den Zahlenweg schon kennen, hüpfen schnell und laut zählend darüber. Die beiden Vierjährigen dagegen, heute zum ersten Mal dabei, tasten sich stockend vorwärts und blicken spätestens bei der Fünf hilfesuchend zur Erzieherin. Dann werden die Kinder in Gruppen eingeteilt. Jeder darf eine Zahl ziehen und bekommt entsprechend viele Punkte ins Gesicht geklebt. „Ich geh zur Fünf!" Antonia flitzt zum Fünfeckkissen. „Ich bin eine drei", sagt Annabell stolz und hüpft zu Tobias aufs Dreieck.

Anton hat eine Eins gezogen und sich den violetten Punkt auf die Stirn kleben lassen. Immer wieder reibt er über die kleine glatte Fläche und lächelt — wie aufregend. Vom Spielebord holen sie jetzt ihr „Mobiliar" fürs Zahlenhaus: Bauklötze, Ziffernfähnchen und die zugehörige Anzahl von Holzstiften, die in einen Holzwürfel gesteckt werden. Da muss sich jedes Grüppchen absprechen: Ich habe schon einen, wie viele Klötze brauchen wir noch? Plötzlich fegt der schwarze Zahlenkobold durchs Zimmer und wirft alles durcheinander. Mit Krakeel und gegenseitiger Unterstützung bringen die Kleinen den Zahlenweg und ihre Turmbauten wieder in Ordnung — hier fehlt ein Klotz, dort ist die Hausnummer falsch. „Das warst doch du, oder?" Die Erzieherin, jetzt ohne Plastiknase und schwarzen Hexenumhang, grinst und gibt erstaunt zurück: „Ich? Ich war doch grad' am Telefon!"

„Ich geh' zur Fünf"

Auf dem Zahlenweg

„Wir machen aus Zahlen Ereignisse, denn die kann man sich besser merken", erläutert Friedrich und fügt hinzu: „Wir wollen die Mathematik in die Erlebniswelt der Kinder einbetten, sonst bringt das gar nichts". Das Vorwärts- und Rückwärtslaufen auf dem Zahlenweg, verbunden mit lautem oder stillem Zählen, scheint tatsächlich eine probate Methode für Kinder zu sein, die Zahlenfolge zu verinnerlichen. Wenn die Kleinen nach der kurzen Zeit von nur zehn Wochen Fragen wie „Wo stehe ich auf dem Zahlenweg? Welche Zahl kommt vor, welche hinter mir?" blind beantworten können, haben sie bereits die erste Hürde zum abstrakten Denken genommen.

Elternabende, an denen die Idee vorgestellt wird, sind sehr gut besucht und Mütter oder Väter, die zunächst ungläubig und gedehnt fragen: „Wie? Sie machen Mathe-ma-tik?", sind rasch überzeugt. Nach den Ferien

gibt es immer wieder erstaunte Rückmeldungen von Eltern, die bemerkt haben, dass ihre Kinder am Strand Muscheln gezählt und die Zahlen in den Sand gemalt haben. Beate Schönle-Walter hört dann erstaunte Ausrufe wie: „Die können ja wirklich schon zählen!" Zwar kennen Kindergartenkinder oft schon die Zahlworte, benutzen sie aber eher im Sinn eines Wortspiels. Nur wenn sie das Prinzip wirklich verstanden haben, stimmen etwa beim Seilspringen Bewegung und Zählen überein.

Finanziert und gefördert wurde das Forschungsprojekt von der Robert-Bosch-Stiftung, der Landesregierung Baden-Württemberg und der Stadt Lahr, denn Rechenschwäche gilt als eines der Hauptprobleme von Grundschülern. Vielleicht hilft das Zahlenland-Prinzip „Spaß mit Mathe" gegenzusteuern. Inzwischen hat sich das Modell nach dem Schneeballprinzip verselbstständigt. Friedrich und die Leiterin des Projektkindergartens Beate Schönle-Walter haben Dutzende von Erzieherinnen fortgebildet. „Und wenn die erst mal merken, ‚Oh, das ist ja gar nicht so kompliziert, das macht ja Spaß!', dann sind sie gewonnen", erzählt Schönle-Walter. Dann seien Bedenken à la „Ich hab doch gar nicht studiert", die manchmal im Vorfeld zu hören seien, wie weggewischt. Diese Ehrfurcht vor Mathematik oder Naturwissenschaften, gepaart mit eigenen schlechten Erfahrungen, hält Friedrich für einen Grund, dass es diese Thematik im Kindergarten noch immer schwer hat.

Aha-Erlebnisse mit Mathe

Mathe ist für Mädchen kein Problem

Eine andere Begründung findet er bei Jean Piaget und dessen Einschätzung der kognitiven Fähigkeiten von Kindern. Lernforscher haben mittlerweile widerlegt, was jahrzehntelang als gesichert galt, dass nämlich Vorschulkinder einfachen mathematischen Aufgaben nicht gewachsen seien. Heute weiß man, dass die Fragen in Piagets Experimenten schlicht zu abstrakt waren. Berücksichtigt man jedoch das tatsächliche Lebensumfeld der Kinder, finden sich unzählige Anlässe zum Zählen, Wiegen, Messen oder Schätzen — und die Kinder können das. Experten der Frühpädagogik empfehlen die Vermittlung von fünf mathematischen Grundkenntnissen: Kinder sollten

- Im Zahlenraum zwischen eins bis zehn (besser bis zwanzig) den jeweiligen Vor- und Nachläufer kennen, also wissen: Was kommt vor der Zwei, was danach?

- Fünf Gegenstände auf einen Blick erfassen können (Simultanerfassen)

- Die Ziffernsymbole kennen

- Einfache Rechenfertigkeiten beherrschen

- Die geometrischen Grundformen kennen

Werden solche Grundlagen gefördert, haben die Kinder sogar einen vergleichsweise besseren Start ins Schulleben, belegt die Begleitstudie zu Friedrichs Programm. Die Projektkinder waren nach der Zahlenland-Förderung gleichauf mit sechsjährigen Kontrollkindern kurz vor der Einschulung. Die abschließende Evaluation zeigte, dass die Kinder auch in der ersten Klasse ihren Vorsprung beibehielten. Besonders jene mit anfangs sehr schwachen Testergebnissen sowie Mädchen profitierten durch die Förderung. Während die Mädchen aus dem Projekt in punkto Zahlenverständnis zulegten, verschlechterte sich dieses bei Mädchen aus der Kontrollgruppe bis zum Schulbeginn deutlich. Friedrich vermutet, dass es bei den „untrainierten Mädchen" eher zur Umsetzung von Klischees wie „Mädchen können das nicht" komme. Sein Wunsch für die Zukunft: „Wir bräuchten Universitätskindergärten und Universitätsschulen, damit man auch als Pädagoge mal Neues wagen kann."

Schon jetzt aber überträgt sich in den Zahlenlandkindergärten die Verve der Erwachsenen, die mit Spaß an der Sache aus abstrakten Zahlen Greifbares geschaffen haben. Als ehemaliger Werklehrer hat Friedrich die ersten Holzwürfel noch selbst angefertigt und eine Kollegin hat die Lieder dazu komponiert — den Einsersong aus einem, den Zweier aus zwei Tönen, das Dreierlied als Walzer, das Vierer als Reggae und so weiter. Zu den echten Sternstunden der Pädagogen jedoch gehören Aha-Erlebnisse wie das von Patrick: „Der saß da und guckte lange auf die Bauklötze", erzählt Schönle-Walter, „zufällig lagen je drei blaue und zwei gelbe übereinander. Auf einmal sagt er, ‚Drei und zwei, das sind ja fünf!'"

Positive Lernerlebnisse in Mathematik schaffen – Interview mit dem Erziehungswissenschaftler PD Dr. Gerhard Friedrich

Sein Forschungsprojekt „Komm mit ins Zahlenland" *startete der 48-jährige Erziehungswissenschaftler* *2003 mit dem Ziel, Kindergartenkinder spielerisch* *an den Zahlenraum von eins bis zehn heranzufüh-* *ren. 2005 habilitierte sich der Vater von vier Kindern* *an der Universität Bielefeld als Erster zum Thema* *Neurodidaktik.*

SM *Sie haben zum Thema Neurodidaktik* *habilitiert. Welchen Nutzen kann eine solche* *Verknüpfung von Hirnforschung und der Lehre* *vom Lehren bieten?*

GF Wenn man Didaktik als integrierende Wissen- schaft versteht, könnte die Neurobiologie eine neue Speiche im Rad sein. Dem sollte man durchaus posi- tiv gegenüberstehen und einfach mal schauen, was liefert sie eigentlich? Gut, man darf jetzt nicht die Erwartung haben, dass die Neurobiologie die Päda- gogik revolutioniert. Bei meiner Promotion habe ich das noch so ein bisschen gedacht, heute sehe ich das differenzierter. Aber ich spreche mich abso- lut dafür aus, dass angehende Lehrer genauso viel Grundlagenwissen aus der Hirnforschung vermittelt bekommen wie aus der Psychologie und Soziologie. Jeder Lehrer weiß, wie klassisches Konditionieren

funktioniert. Er sollte jedoch auch wissen, wie sich Lernen neurobiologisch im Gehirn abbildet.

SM *Wie können Sie das als Mathematiklehrer* *im Unterricht einsetzen?*

GF Da gibt es mehrere Aspekte. Einmal wissen wir sehr differenziert aus der Neurobiologie, dass es unterschiedliche Repräsentationsformate oder - module für Zahlen gibt. Das bedeutet: Zahlen sind im Gehirn nicht nur an einem, sondern an mehreren Orten lokalisiert. Ein Teil davon ist sprachlich, ganz in der Nähe unseres Sprachzentrums abgelegt. Dazu gehören Rechenregeln wie „zwei mal drei ist sechs", die man abrufen kann, ohne darüber nachzudenken. Dort ist zugleich der Sitz des gelernten, reinen Fak- tenwissens. Wenn ich jetzt aber frage „Wie viel sind ungefähr 37 mal 35?" wird das *approximative Zahlen-* *verständnis* aktiv. Man überschlägt, was 40 mal 35 ist und tastet sich so annäherungsweise heran. Solche Zahleninhalte sind wiederum nicht sprachlich codiert, sondern in Gehirnarealen gespeichert, die mit dem Raumvorstellungsvermögen assoziiert sind. Die sind übrigens auch aktiv, wenn Kinder anfangen, mit den Fingern zu rechnen.

SM *Stammen auch die intuitiven Zahlvorstellungen von Kindern aus diesem Bereich?*

GF Ja, denn damit sind Vorstellungs-Bilder verknüpft. Zudem ist das Gedächtnis von Kindern durch konkrete Situationen und Erlebnisse geprägt, die wiederum auch an Orte gekoppelt sind. Das hat sich evolutionsbiologisch als wichtig herauskristallisiert: Wenn ich irgendwo Nahrung gefunden habe, war es sinnvoll, den Weg dorthin wiederzufinden. Diese Raumorientierung im Zusammenhang mit dem episodischen Gedächtnis ist für mich als Mathematikdidaktiker etwas Zentrales. Für das elementarpädagogische Forschungsprojekt „Komm mit ins Zahlenland" präsentieren wir deswegen die Zahlen im Raum, ganz einfach umgesetzt mit Matten, Würfeln und anderen didaktischen Hilfsmitteln. Auch der „Zahlenweg", den ich im Kindergarten verwende, ist ein gutes Beispiel dafür — dabei ist er keineswegs eine Erfindung der Neurodidaktik. Früher haben ihn die Kinder mit Kreide auf die Straße gemalt und Himmel und Hölle gespielt, heute erst versteht man, dass die Bewegung ihn so effektiv macht. Als Mathematikdidaktiker kann ich das auch wieder besonders gut nutzen, weil bei der Orientierung im Raum ähnliche Gehirnzentren aktiv sind wie beim Umgang mit Zahlen.

Das ist eine ganz einprägsame, handlungsorientierte Vermittlung für Kinder: Wenn ich einen Schritt nach vorne gehe, dann nimmt die Zahl um eins zu, gehe ich rückwärts, nimmt sie ab. Wenn kleine Kinder ganz schnell die Zahlen von eins bis zehn herunterrattern, meinen Eltern oft, sie könnten schon rechnen. Tatsächlich aber funktioniert das wie bei einem Wortspiel, man merkt es daran, dass die gesprochene Zahlfolge nicht synchron mit Bewegungen wie Klatschen oder Hüpfen ist. Beim Zahlenweg geht es darum, dieses Zahlverständnis mit der Motorik zu synchronisieren. Dafür haben wir den Zahlenstrahl in Form von Matten ausgelegt. Die sind ein bisschen zu groß, sodass jeder Schritt mit konzentrierter Aufmerksamkeit erfolgen muss, um sie zu treffen. So steuern die Kinder ihre Aufmerksamkeit auf das Ziffernbild, zählen dabei und bewegen sich dazu. Wenn sie sich das gemerkt haben, repräsentiert sich der Zahlenstrahl im Gehirn.

SM *Aber woher wissen Sie, dass die Kinder sich das genau so merken?*

GF Wir haben das Wissen der Projektkinder und einer Kontrollgruppe vor und nach der Förderung mit Einschulungstests abgefragt. Die Ergebnisse zeigen, dass die vier bis fünf Jahre alten Projektkinder nach der Teilnahme die gleichen Fähigkeiten haben wie sechsjährige Kontrollkinder kurz vor der Einschulung. Dabei haben sie nicht nur auf dem spezifischen Gebiet der mathematischen Grundkenntnisse zugelegt, sondern auch bei den verbalen Fähigkeiten. In der abschließenden Evaluation wurde untersucht, wie sich die Kinder aus der ersten Projektphase in der Grundschule weiterentwickeln. Der zentrale Befund: Die geschulten Kinder blieben den anderen weiterhin voraus.

SM *Welches sind zentrale Dinge, die Lehrer oder Lehramtsstudenten von der Neurodidaktik lernen können?*

GF Ich denke der Begriff „Vernetzung" ist ein Schlüsselwort. Beim Lernen darf der Inhalt nicht im rein Abstrakten verbleiben, sondern muss einbeziehen, was die Kinder in ihrer jeweiligen Altersstufe wirklich interessiert. Die Mathematikdidaktik wird jedoch noch immer meist vom Fach her entwickelt. Dazu ein Beispiel: Vor zehn Jahren hatte ich ein Mädchen mit massiver Rechenschwäche in einer neunten Klasse. Wenn sie eine Aufgabe bekam, war der erste Lösungsansatz immer falsch. Ich hab' daraufhin geprüft, was das Kind eigentlich richtig macht. Bei der Mathematik, die ich schließlich mit ihr gemacht habe, bin ich dann immer davon ausgegangen, was sie richtig kann. Denn: Die Gedächtnisstruktur ist assoziativ, die Didaktik der Mathematik jedoch arbeitet linear. Also wenn man Dreiecke durchnimmt, beginnt man bei gleichschenkligen, darauf folgt der Flächeninhalt und zum Schluss landet man bei Sinus-Cosinus.

Wenn man anders vorgehen will, und das habe ich in ihrem Fall gemacht, muss man wissen, wie das Gehirn Informationen speichert. Man könnte meinen, dass es leere Speicherplätze auffüllt. So ist es aber gerade nicht. Wissen wird immer dort integriert, wo sich schon etwas Passendes vorfindet. In extremen Fällen lohnt es sich eher, ein neuronales Netz neu aufzubauen, als das alte zu verändern. Und so war das bei dem Mädchen. Ich hab ihr also geraten, nach der ersten Idee so lange weiter zu überlegen, bis ihr noch eine zweite Lösung einfällt und es war erfolgreich. Leider wird die Didaktik meist vom Fach her, nicht vom Kind her gedacht.

SM *Sie glauben also, dass die Neurodidaktik zeigen könnte, welche alten Lehrmethoden zu Fehlern führen könnten?*

GF Sie könnte zu einer grundsätzlichen Änderung der alten Sichtweise beitragen. Man weiß ja heute, dass bereits bestehende Kompetenzen das Lernen fördern, dass Neues stets in bereits vorhandene Gedächtnisinhalte eingebettet wird. Als Lehrer muss ich jedoch jeden Tag das Gegenteil machen: Ich teste Kinder und schaue, was sie nicht können. Damit unterrichte ich sie dann weiter und konfrontiere sie mehr oder weniger ständig damit, was sie nicht können. So definiert man Schule – und das ist nicht mehr zeitgemäß. Weil man eben weiß, dass Kinder von kompetenzorientierten Lernprozessen positiv profitieren. Das Lerngesetz des Gehirns ist einfach: Aktivität fördert die Stabilität neuronaler Verbindungen, Passivität lässt sie geringer werden. Und auch die emotionale Begleitung des Nichtkönnens aktiviert viele – negative – Verbindungen.

SM *Wo sehen Sie Möglichkeiten, solche Lehrstrukturen zu korrigieren?*

GF Letztendlich geht es um ein neues Modell des Lernens. In einem Didaktik-Fachbuch finden sich bisher Definitionen wie „relativ überdauernde Verhaltensänderung aufgrund von Reizzufuhr", soll also heißen, Input rein – Output raus. Das ist nicht falsch, beschreibt aber nur die halbe Wirklichkeit. Genauso wichtig ist doch, wie ich mich als Lernender verhalte, weil meine Aufmerksamkeit den Input selektiert. Die Neurobiologie liefert dafür die Erklärungsbasis. Für meine Habilitationsschrift habe ich, ausgehend von aktuellen Befunden über den Aufbau des neuronalen Sehapparates, ein kreislaufartiges Modell des Lernens entwickelt. Dabei bin ich von Untersuchungen ausgegangen, bei denen Tieren beispielsweise optische Informationen aufgezwungen wurden, die nicht zu ihren Handlungsabläufen passten — etwa zu dem Input, den sie über ihre Pfoten bekamen –, es wurden ihnen andere Bewegungen suggeriert, als die, die sie sahen. Das Ergebnis: sie lernten nicht sehen. Man sieht nämlich überwiegend mit dem Gehirn — eine komplexe Angelegenheit, die sehr gut erforscht ist. Man weiß, dass Sehen auch über Bewegung gelernt wird. Ein weiterer Hinweis darauf, dass das Verhalten ständig den Input beeinflusst. Hier kommt wieder der erwähnte assoziative Vernetzungsgedanke zum Tragen. Lernen erfolgt als Wechselwirkung zwischen Wahrnehmung, neuronalem Speicher und erfolgten Handlungen. Kurz: Lernen ist eine ganz aktive Angelegenheit.

In der Sinuswerkstatt

Mathematik ist für viele das Ehrfurchtsfach schlechthin, schon ab der ersten Klasse.
Doch wenn die Schüler der Hamburger Grundschule Curslack-Neuengamme
in ihre Sinuswerkstatt flitzen, ist davon nichts zu spüren.
Schon nach kurzer Zeit sind fast alle vollkommen in ihre Aufgaben vertieft.

„Seit wir Sinusschule sind, haben wir viel mehr Möglichkeiten." Ulrike Schönfeld, Mathematik-Fachleiterin der Curslacker Grundschule führt die Besucher durch die Sinuswerkstatt. Dieser seit zwei Jahren existierende Klassenraum ist ein echter Hingucker. Für eine staatliche Schule zumal. Die ehemaligen Backsteinwände sind hellgelb gestrichen, der Boden mit lärmschluckendem Teppich ausgelegt und in den Materialregalen türmen sich zig nummerierte Kartons, Kästen und Kisten. Darüber hinaus steht — wie in allen Klassenzimmern dieser Schule auch — ein Seitenraum zur Verfügung, in dem es unter anderem ein Waschbecken für mathematische Aufgaben mit Wasser gibt. Umwerfend viel Platz für die verschiedenen Arbeiten und die Erkenntnisfreude von Kindern, nur ein Pult vor der Tafel, das gibt es nicht. Aktuell nimmt die Grundschule im vierten Jahr am Bundesprogramm Sinus-Transfer mit Schwerpunkt Mathematik teil. Es ist Schönfelds Lieblingsfach, daher ist sie die Koordinatorin des Projekts.

Die Tische sind für Gruppenarbeiten zusammengeschoben und im Raum verteilt. An der Stirnseite des Zimmers liegt die Bauecke, genau gegenüber eine Computerparzelle, die mit drei PC-Plätzen ebensoviel Raum beansprucht. An der Längsseite stehen 15 Aufgabenkisten bereit. Darüber hängt eine Leine, an der bunte Zettel schaukeln mit den Worten „So hoch, so weit, so lang" — dem Motto dieses Schuljahres für alle vier Jahrgänge. Stolz zeigt die Lehrerin ihre Materialschätze, zieht hier ein Spiel hervor, dort einen Stapel aufklappbarer Zollstöcke, zeigt den Kubikmeter zum Anfassen und schließlich die Aufgabenfächer für dieses Schuljahr mit verschiedenen Schwierigkeitsgraden zum Thema „Längen". „Das jahrgangsübergreifende Arbeiten bietet viele Vorteile, leistungsschwächere Kinder finden leichtere Aufgaben, leistungsstärkere können sich dagegen schon mit anspruchsvolleren Übungen beschäftigen", erläutert die Sinuskoordinatorin. Wiederholungsblätter oder Zusatzaufgaben sorgen natürlich dafür, dass die Kinder am Ende der vierten Klasse über das lehrplangemäße Wissen verfügen.

Messradfahren

Daumen, Elle, Schritt

Ulrike Schönfeld schaut auf die Uhr und beendet mit einem „Ich muss los!" den Rundgang. Sie muss sich sputen, gleich beginnt ihr Religionsunterricht. In zwei Stunden wird sie dann mit ihrer 4b für eine Doppelstunde Mathe hier wieder eintrudeln. Im Vorraum hört man schon das Getrappse der 3b, die jetzt hier Unterricht hat. Schuhe, Jacken und Ranzen werden abgelegt, nur die Mäppchen dürfen mit hinein. Die werden heute sogar ausgemessen — mit Daumenlängen. „Hey, was hast du denn da stehn?" Tom schaut auf das Heft von Daniel, der für die Breite des Mäppchens drei Daumenlängen aufgeschrieben hat und zeigt verblüfft sein eigenes Ergebnis: vierzehn. Bis sie drauf kommen: „Ach so! Daniel hat die Höhe gemessen." Er misst noch einmal neu, schreibt sechzehn hin, und dann lassen sich beide die Aufgabe als fertig und gelöst von der Lehrerin unterschreiben.

Besonders knifflig sind „Forscheraufträge" wie der von Aufgabe 7. Das Blatt zeigt eine Spirale und daneben die Frage dazu: Wie lang ist die Linie? Material dazu gebe es auf dem „Forschertisch". Annika überlegt nicht lange, sondern sieht und findet schnell das richtige Messutensil: eine Schnur. Überall, auf dem Boden, an den Tischen stehen jetzt die Zeichen auf Messen: daumen-, ellen-, schritt- oder meterweise vermessen die Acht- bis Neunjährigen den Raum und das Mobiliar. Wer seine Gehirnzellen mal ausruhen oder lüften will, trägt sich in die Liste für den höchsten Turm in der Bauecke oder für das Messrad ein.

Tobias und Marek haben eine solche Auszeit, eine „Draußen"-Aufgabe, eingeschoben und flitzen jetzt mit dem Messrad zum Fußballplatz. Warum sie gerade das machen? „Das wollte ich immer schon mal wissen", meint Tobias und stürmt los, immer die weiße Linie entlang. Am Ende beugen sie sich gespannt über das Zählwerk: 316 Meter. „Jetzt weißt du, wie viele Meter du gelaufen bist", grinst er Marek an, der den Platz gestern fünf Mal umrunden musste. Nach dem Unterricht scheint die ganze Klasse erschöpft. Es ist intensives Arbeiten sowohl für die Kinder als auch die Lehrkraft. Denn wen eine Aufgabe erst mal gepackt hat, kann durchaus eine oder anderthalb Stunden daran sitzen. Die Erfahrung mit Lernwerkstätten zeigt immer wieder, dass dies sogar für unruhige und sonst eher zappelige Kinder gilt. Das erfolgreiche Rezept des Prinzips Lernwerkstatt lautet: verpflichtende Aufgabe plus Freiraum.

Lernen macht Laune

Das trifft auch für Curslack-Neuengamme zu, bestätigt die Sinuskoordinatorin. Selbst wenn Vor- und Nachbereitung aufwändiger seien, „etwas Besseres als handlungsorientierten Unterricht gibt es einfach nicht", lächelt sie. Warum sie die Mehrarbeit nicht scheut? „Die Kinder lieben das", versetzt sie trocken und zitiert augenzwinkernd den Pädagogen Célestin Freinet: „Sag es mir und ich vergesse es, lass es mich tun und ich behalte es." Wenn sie in ihrem Kollegium mit der gleichen Begeisterung dafür wirbt, muss diese einfach ansteckend sein. Dass die Lernwerkstatt von Klasse eins bis vier immer komplett ausgebucht ist, spricht dafür. Nicht zuletzt wegen dieser starken Nachfrage erarbeitet das Kollegium mittlerweile seine Themenmaterialien so vorausschauend, dass sie danach

auch als eine Art Klassenkisten von anderen genutzt werden können. Im Materialraum des Lehrerzimmers stehen sie Seite an Seite mit der Aufschrift „Zirkel" oder „Zeit".

Derart überzeugte Mathebotschafter wünschen sich die Initiatoren des Sinus-Programms sicher bundesweit, so wie sicher gerne jede Schule eine so großzügige Ausstattung ihrer Räume hätte. Die Materialauswahl ist der ganze Stolz von Ulrike Schönfeld und Vera Michalke, dem Arbeitstandem für Sinusbelange. Im Baumarkt halten sie Ausschau, was sich noch gut machen würde. Das beliebte Messrad haben sie im Fachhandel erstanden. Darüber hinaus gibt es verschiedene Arten von Bau- und viel Geometriematerial, eine arithmetische Ecke, ein Kaufmannsladen mit Kasse und eine Ecke, wo Geld und Zeit eine Rolle spielen. Auf manche Spiele fliegen die Kinder geradezu, andere wählen sie nicht unbedingt von selbst aus. Einige davon sind übrigens so teuer, dass üblicherweise höchstens eins gekauft wird. Da ist es sinnvoll, dieses Angebot in einem zentralen Raum für alle zugänglich zu machen.

Anstoß für das Projekt zur „Steigerung der Effizienz des mathematisch-naturwissenschaftlichen Unterrichts", kurz SINUS, gaben 1997 die Ergebnisse der internationalen Studie zum Wissensstand in Mathematik und Naturwissenschaften TIMS. Die Untersuchung legte damals bei den teilnehmenden deutschen Kindern deutliche Schwächen offen. SINUS startete 1998 bundesweit an 180 Schulen, heute sind es zehn mal so viel. Zum Programm gehörten von Anfang an auch Austausch und Kooperation, beides noch immer Fremdworte an vielen Schulen, vor allem an Gymnasien. Damit zielte Sinus nicht zuletzt darauf, Reflexion

Sinuskoordinatorin
Ulrike Schönfeld

und Evaluation des eigenen Unterrichts im Schulalltag zu implementieren. Diese Stufe hat Ulrike Schönfeld offenbar längst genommen, sie fühlt sich durch die Treffen nicht beurteilt, sondern bereichert: „Ich weiß jetzt viel mehr über Rechenstörungen und wie sie zustande kommen und auch darüber, wie man Kindern über die Schwellen helfen kann." Derzeit arbeitet die Hamburger Sinusgruppe an der Benotung von morgen, an „Kompetenzrastern" als Alternative zu den üblichen Zensuren. Die Einschätzung nach Fähigkeiten soll klarer ausloten, wo die Stärken und Schwächen des Kindes wirklich liegen und persönliche Befindlichkeiten weitgehend ausschließen. Das Notensystem ist gerade an diesem Punkt oft ungerecht.

Tiefpunkte und Highlights

Zum Schuljahreswechsel bereiten die Kolleginnen gemeinsam den neuen Satz Aufgaben für die Mathe-Werkstatt vor. Ihren Unterricht gestaltet dann natürlich trotz gleicher Aufgabenstellungen jede Lehrkraft ein wenig anders. Während Vera Michalke etwa Mütter mitarbeiten lässt und zusammen mit ihnen Fragen erklärt und die Lösungen abzeichnet, gibt Ulrike Schönfeld diesen „Experten"-Part ganz bewusst und komplett an die Kinder, „um Verantwortung zu übertragen, aber auch, um mir Freiraum zu schaffen". Wenn dann nämlich nur noch diejenigen mit besonderen Problemen zu ihr kämen, habe sie mehr Zeit für sie. „Da arbeite ich dann manchmal eine Viertelstunde lang nur mit einem Kind." Ein Freiraum, der erst mal erarbeitet werden muss. In den ersten Stunden bildet sie die künftigen Experten für die einzelnen Aufgaben aus: „Die müssen dann schon sehr fit darin sein". Deswegen schwirrt sie heute pausenlos herum, gibt hier eine Anregung, rechnet dort nach, um dem Fehlerteufel auf die Spur zu kommen, und scheint ihre Augen überall zu haben.

„Camilla, hast du einen Tiefpunkt? Komm zu mir, wenn du ein Problem hast." Tatsächlich schaut die Angesprochene ziemlich frustriert drein. Seit einer halben Stunde kämpfen sie und ihre Partnerin mit der Aufgabe, aus verschiedenen Bildern diejenigen herauszupicken, die durch eine Doppelspiegelachse entstanden sind. Die Lehrerin guckt ins Heft. „Nee, das ist falsch", entfährt es ihr. Die Mundwinkel der beiden Mädchen sinken noch tiefer. Und als Ulrike Schönfeld weiter die Ergebnisse prüft, kommt der nächste Kommentar ebenso unvermittelt: „Nee, ihr habt recht, das kann gar nicht gehen. Das habt ihr toll gemacht, das ist richtig gut!" Und schon lächeln die beiden stolz und brauchen plötzlich doch keine Pause mehr. Die Lehrerin schafft in Sekunden Szenenwechsel, schon steht sie bei Julian, der das Problem „Fläche" einfach nicht versteht. Um ihr zu beweisen, dass er Recht hat, zeichnet er seine Vorstellung davon an die Tafel: Ein Quadrat aus Kästchen. „Und innen drin? Wenn du einen Teppich verlegen müsstest, bräuchtest du doch auch innen welchen, nicht nur außen", hilft Ulrike Schönfeld. Julian beratschlagt sich mit Tim. Man hört richtig, wie die Synapsen feuern. Auf einmal ist der Groschen gefallen – und das bedeutet mehr Rechenarbeit. Die Jungs schauen sich an, und mit dem Seufzer „Schule ist doof", macht Julian sich an die Arbeit.

Wenn es nach seiner Lehrerin ginge, sollte jede Schule so einen Raum haben. Nachdenklich schaut sie aus dem Fenster ins Grüne und formuliert dann ernst ihr Fazit: „Wenn ein leistungsschwaches Kind zu mir sagt, ‚Mathe macht Spaß', ist das das größte Lob für mich."

Die Meister der Fläche

Sprache

Sprache –
Worte sind die Flügel des Denkens

Mama, Papa, Wauwau ... Sprechen lernen scheint so einfach und selbstverständlich. Im Grunde beginnt die erste Kommunikation zwischen Mutter und Kind bereits im Mutterleib. Kurz nach ihrer Geburt sind Babys noch offen für alle Sprachen, erst mit der Zeit hören sie sich quasi auf die Besonderheiten ihrer Muttersprache ein. Durch ihre ersten Bezugspersonen, noch immer meist die Mütter, wird der Grundstein für die späteren kommunikativen Fähigkeiten gelegt. Noch bevor Kinder sich selbst in Worten äußern können, verinnerlichen sie den Sprachrhythmus und die Sprachmelodie ihrer Bezugspersonen. Die Bedeutung der Worte erahnen sie durch Betonungen und durch den Zusammenhang, etwa beim Spielen, Gefüttert- oder Gewickeltwerden. Die Entwicklung des Sprachverständnisses funktioniert also nicht so, dass die Kinder erst durch die sprachlichen Kommentare verstehen, was in ihrer Umgebung passiert, sondern umgekehrt. Indem sie die sprachlichen Äußerungen dem zuordnen, was um sie herum passiert, lernen sie, was die Worte in diesem Zusammenhang bedeuten müssen.

In der weiteren Entwicklung seiner sprachlichen und kognitiven Fähigkeiten ist das Kind jedoch davon abhängig, wie viel und wie mit ihm gesprochen wird. Sich bedanken, grüßen, um etwas bitten wird ebenso gelernt wie lügen, fluchen und erinnern. Die biologischen Grundlagen befähigen das Kind zum Spracherwerb, doch lernen kann es Sprache nur, wenn es in einer sprachförderlichen Umgebung aufwächst. Kinder aus wortarmen und leseabstinenten Familien, in denen es vielleicht überdies wenig Zeit für Gespräche gibt, kommen in jeder Hinsicht zu kurz. Bei ständigen Hintergrundgeräuschen durch Fernsehen oder Radio läuft die Familie Gefahr, sich nur noch in Kurzform zu unterhalten. Unbekannte Worte jedoch sind Barrieren des Denkens und des Verstehens. Im Zweifelsfall argumentieren Kinder, die ihre Wünsche und Gefühle nicht ausdrücken können, mit der Faust. „Die Grenzen der Sprache sind die Grenzen meiner Welt", schrieb Ludwig Wittgenstein. Höchste Zeit, auch hier Grenzbäume niederzureißen.

Um zu zeigen, wie die Sprachkompetenz gefördert werden kann und damit zugleich die für den Schriftspracherwerb notwendigen Fähigkeiten, beleuchten unsere Beispielreportagen aus Frankfurt am Main den Umgang mit zwei extremen Sprachumgebungen. Das mehrsprachige Aufwachsen und seine Besonderheiten haben wir in einer deutsch-italienischen Kindertagesstätte erfahren, und welche Fördermöglichkeiten es für Kinder aus einem spracharmen Milieu geben kann, in einem Frankfurter „Hörclub" belauscht.

Europas Vielfalt im Kindergarten

Im zweisprachigen Frankfurter Kindergarten „Pinocchio"
summt es wie im Bienenkorb: auf Italienisch und in „Tedesco". Dazwischen hört
man auch Englisch oder Türkisch, denn durch dieses europäische Sprachkonzept
wird die Sprachentwicklung aller Kinder gefördert.

Giovanni reißt Sebastian das kleine Auto aus der Hand und faucht: „La mia macchina!" — Mein Auto! Schon liegen sich die beiden Kampfhähne in den Haaren, bis die Erzieherin wissen will: „Che t'è successo?" — Was los ist? Giovanni berichtet auf Italienisch, während Sebastian stumm vor sich auf den Boden schaut. Die Schlichterin merkt, dass die beiden gerade nicht miteinander reden wollen und schon gar nicht in einer Sprache. „Sebastian will mit deinem Auto spielen, du hast heute so viele mitgebracht, gib ihm doch eins",

redet sie Giovanni ins Gewissen — auf Deutsch, denn das ist die Umgangsprache für alle in der bilingualen Frankfurter Kindertagesstätte „Pinocchio".

„Unser Ziel ist nicht, dass die Kinder perfekt zwei Sprachen beherrschen, wenn sie den Kindergarten verlassen", erklärt Leiterin Marina Demaria das bilinguale Konzept. Vielmehr gehe es darum zu vermitteln, dass jede Sprache gleich wertvoll und wichtig ist. Ein Teil der Erzieherinnen spricht vorwiegend auf Italie-

„Lupo, lupo, cosa fai?" –
Wolf, Wolf, was machst du?

nisch, ein Teil auf Deutsch – so wüssten die Kinder genau, an wen sie sich wenden könnten, erläutert sie. Auf diese Weise geschieht das Lernen fast nebenbei – „Immersionsmethode" nennen die Experten dieses Prinzip, das mit „Eintauchen ins Sprachbad" übersetzt wird. Bis zum Schulanfang aber sollen alle Kinder gut deutsch können, betont Marina Demaria, „damit sie einen guten Start in die Schule haben".

Sprachoffen aus der Isolation

Der deutsch-italienische Kindergarten in Frankfurt am Main besteht schon seit fast 40 Jahren und hat sich zwischenzeitlich gewandelt von einem „Gastarbeiterkindergarten", in dem ausschließlich Italienisch gesprochen wurde, hin zu einer bilingualen, für

Kinder aller Nationalitäten offenen Einrichtung. Die Geschichte des Kindergartens hat sich parallel zu den Bedürfnissen der italienischen Einwanderer entwickelt: Zu Anfang habe man noch geglaubt, man werde bald in die Heimat zurückkehren und schickte die Kinder nach Hause, sobald sie im schulpflichtigen Alter waren. Doch bald hätten die Familien gemerkt, dass dies keine Lösung war und die Kinder wieder zu sich geholt, erzählt die Leiterin. Als die sprachbegeisterte Pädagogin vor fast zwanzig Jahren die Einrichtung übernahm, stand der Kindergarten kurz vor der Schließung, denn italienische Eltern schickten ihre Kinder lieber zu deutschen Erzieherinnen, damit sie Deutsch lernten. Gegen die Abwanderung der Eltern setzte Marina Demaria auf Zweisprachigkeit und war damit ihrer Zeit voraus. Vor einem Jahr ist die Einrichtung schließlich in ein größeres Haus umgezogen mit eigenem Spielgarten, und sogar eine Lernwerkstatt für Experimente wurde im Souterrain eingerichtet.

Heute weiß man aus zahlreichen Studien, dass die geistige Entwicklung von Kindern um so mehr angeregt wird, je mehr Sprechanlässe es gibt und je vielfältiger die Kommunikation verläuft. Das bedeutet zum Beispiel für Migrantenkinder, dass sie die zweite Sprache besser lernen, wenn ihre erste geschätzt und gefördert wird. Sie brauchen keine besondere Begabung dafür, denn bereits ab zwei Jahren wollen Kinder sich verständigen und tragen aktiv dazu bei, ihren Wortschatz beständig zu erweitern. Auch skeptische Eltern merken schnell: Das Sprachbad ist keine Überforderung. Am schnellsten werden kurze Sätze beherrscht, die zu Ritualen wie Aufräumen, Zähneputzen oder Essen gehören.

Die Erfahrung zeigt, dass diese Lernmethode um vieles nachhaltiger ist als Deutsch-Crashkurse kurz vor Schulbeginn. Für die richtungsweisende Arbeit in Sachen Mehrsprachigkeit und Integration hat die Kindertagesstätte 2003 den „Integrationspreis" der Stadt Frankfurt erhalten. Wenn Eltern und Kinder morgens hier eintrudeln, hört man eine bunte Sprachmischung aus Koreanisch, Englisch, Bulgarisch, Portugiesisch oder Türkisch. Diesen Eltern gefalle es, dass in der Kita noch eine andere Sprache als Deutsch zum Zug komme — quasi stellvertretend für die eigene —, weiß das Erzieherinnenteam.

Sprache in Bewegung

Einsprachigkeit ist heilbar

Paul, der jetzt noch mit großen, etwas traurigen Augen um sich schaut, spricht kein Wort Italienisch. *„Noch kein Italienisch"*, würde Marina Demaria dazu sagen, denn ihr Motto heißt „Einsprachigkeit ist heilbar". Ein Grund für Paul, sich in die neue Sprache hineinzuhören, sind auch die Freundschaften, die er vielleicht gern knüpfen möchte. Die Jungen nämlich, für deren Spiel er sich interessiert, sprechen Italienisch, ebenso wie seine Lieblingserzieherin Gaetana D'Augello. Diese „Maestra", wie die Erzieherinnen auf Italienisch gerufen werden, ist eine erfahrene Steuerfrau zwischen den Sprachen und eine unerschütterliche dazu. Auch wenn sie wie jetzt von allen Seiten mit Fragen und Bitten bombardiert wird, bleibt sie die Ruhe selbst, arbeitet einen Wunsch nach dem anderen ab: „Io voglio la data", Laura schiebt ein Bild hin, auf das die Maestra das Datum schreiben soll. „Und was möchtest du Charlottina?" „Liest du uns etwas vor?" Schon sitzt ihr die Fünfjährige auf dem Schoß und gemeinsam tauchen sie in die Geschichte ein. „Schau mal, wie viele", sagt Charlotte und zeigt auf die Vögel auf dem Bild. Gaetana D'Augello hakt sofort nach „Quanti?" — „Cinque", antwortet Charlotte und weiter geht's im deutschen Text. Laura und Paul hören zu, während sie ihr Steckspiel fortführen. Lächelnd hält Laura dem Jungen eine kleine Steckperle hin: „Hier für dich." Zur Erzieherin gewandt sagt sie „colori del mare" und die wiederholt: „Ja, das ist die Farbe des Meeres" — so funktioniert ein Sprachbad.

Drei Sprachen sollen Kinder künftig vom frühesten Kindesalter an lernen, so haben es die EU-Minister vor fünf Jahren beschlossen — der schon früher entwickelte „europäische Referenzrahmen" gibt Anregungen dazu, vor allem für die schulische Arbeit. Üblicherweise beginnt das Fremdsprachenlernen in der dritten Klasse mit ein bis zwei Wochenstunden. Zu spät, glauben die Pädagogen, Wissenschaftler und Eltern, die sich in dem „Verein für frühe Mehrsprachigkeit an Kindertageseinrichtungen und Schulen" (FMKS) zusammengeschlossen haben. Um in allen drei Sprachen ein „angemessenes" Kommunikationsniveau zu erzielen, reiche diese Zeit einfach nicht aus.

Manche Kinder haben allerdings schon Probleme mit einer einzigen Sprache. Gut ein Drittel der monolingual deutschsprachig aufwachsenden Kinder haben einen dringenden Sprachförderbedarf, wie die Ergebnisse der Schuleignungstests, aber auch Studien wie IGLU immer wieder nahe legen. Nicht zuletzt deswegen ist Sprachförderung Teil der neuen Bildungsstandards für Kindertagesstätten. Seit den Pisaschockwellen kursieren etliche Sprachtests und Förderprogramme, die vor allem nach zwei konkurrierenden Prinzipien funktionieren: Der „ganzheitliche" Ansatz will sprachliche Anregungen im gesamten Ablauf des Kita-Alltags verankern, der „systematische" hingegen, darunter etwa wie das Würzburger Training, versteht sich als gezieltes Zusatzangebot vor Schulbeginn und trainiert Regeln und Strukturen. Da beide Ansätze bereits seit 2003 eingesetzt werden, lässt sich an den Erfahrungen ablesen, was an ihnen gut und was weniger gut durchdacht war. Es würde sich lohnen, in Kooperation mit den aufnehmenden Grundschulen die positiven Erfahrungen beider Ansätze zu kombinieren.

Tanti serpenti – viele Schlangen

Das „Pinocchio"-Team zeigt, wie das funktionieren kann. Wichtig ist vor allem eine klare Zuweisung der Sprachen zu bestimmten Personen – die deutschen Erzieherinnen sprechen Deutsch, die italienischen Italienisch (können aber auch Deutsch). Im Alltag werden zwar bewusst Situationen geschaffen, die zur Kommunikation miteinander auffordern, doch Zwang werde nicht ausgeübt, betont Demaria. Der ganzheitliche Ansatz durchdringt das ganze Jahr über alle Zusammenhänge und alle Räume. Auch die Küche, wo gerade die an den niedlichen Mützen deutlich erkennbaren Nachwuchsköche Zutaten für Salat schnipseln. „Die gerade Seite nach unten, du musst das Messer umdrehen", korrigiert die Köchin des Hauses, Pina Vella, und lobt gleich darauf: „Bravissima Stine! Bravissima Alessandro – so viele Gurkenscheiben!" Später wird Stine

Kochen auf Italienisch

den anderen stolz von ihrem Freund erzählen: „Der Alessandro hat auch gekocht!".

Auch der Spielkreis, der zweimal in der Woche im Bewegungsraum stattfindet, ist spielerische Sprachförderung pur. Bei deutschen und italienischen Spielen, etwa „Lupo, lupo, cosa fai?", Wolf, Wolf, was machst du?, wird gestampft, gerannt, gesungen und gelacht. Am beliebtesten sind jene, bei denen die Erzieherinnen Bewegung, Worte und Gesten oder Grimassen verknüpfen. So lässt sich leicht begreifen, dass „storto" schief heißt, „bocca" Mund oder „tanti serpenti" viele Schlangen … Der eher systematische, auf die Schule gerichtete Ansatz kommt in der Vorschulgruppe zum Tragen, dort gibt es dann spannende Sprachprojekte wie „Hieroglyphen" oder „Theater".

In der zweisprachigen Kindertagesstätte fällt auf, dass oft gerade diejenigen Migrantenkinder, deren Muttersprache nicht Italienisch ist, am besten Deutsch lernen. Die Leiterin denkt dabei an Owen, dessen Eltern aus Australien kommen. Deutsch habe er sehr gut gelernt, Italienisch nur ein bisschen. Manche Kinder sagen nie ein Wort auf Italienisch. Umso größer sei die Freude, gesteht Marina Demaria, wenn sie doch einmal eines beim Reden „erwischt", so wie Lea: Letzte Woche sagte sie zur kleinen Vanessa, die noch kein Deutsch kann und nicht aufgeräumt hatte: „Metti a posto!" – Räum auf!

Das sprachliche Vorbild Erwachsener ist das A und O – Interview mit der Sprachheilpädagogin Dr. Marianne Wiedenmann

Seit rund dreißig Jahren beschäftigt sich die 60-jährige Grundschul- und Sprachheillehrerin mit sprachlichen Problemen von Kindern. Im ambulanten sprachheil-pädagogischen Dienst der Sprachheilschule Frankfurt am Main betreut sie fünf Grundschulen, hat Projekte wie „Lernen statt Lärmen" gegen Lärm initiiert und erteilt als Lehrbeauftragte der Universität Frankfurt Seminare für Lehramtsstudenten zum Thema Sprach-förderung. Marianne Wiedenmann hat zwei erwach-sene Kinder.

SM *Seit einigen Jahren ist der Lärm Ihr großes Thema. Warum?*

MW Weil der Status quo an Schulen „laut" ist. Das ist ein Riesenproblem, weil Lehrer und Schüler sich sehr schnell an diese Reize gewöhnen und sie dann nicht mehr als veränderbar erleben. Ich versuche die Kollegien für Zuhörprozesse zu sensibilisieren, damit pädagogische Maßnahmen wirklich eine Chance haben. Dazu kommt, dass Kinder heute oft in einer lärmigen Umgebung aufwachsen und deshalb in ihrer Hör- und Sprachentwicklung sowie später im Schrift-spracherwerb erhebliche Defizite haben.

SM *Was hat Sprechen- und Lesenlernen mit Hören zu tun?*

MW Kaum jemandem ist das bewusst, aber Hören muss man ebenso lernen wie Sprechen. Wenn aber zuhause immer Fernseher und Radio laufen, wird meist nur wenig gesprochen, man versucht so knapp und so schnell wie möglich loszuwerden, was gerade wichtig ist. Daraus resultiert eine wortarme Anwei-sungssprache, bei der Nachfragen, Lauschen oder Hinhören gar nicht erwünscht sind. Es muss Zack-zack gehen. Die Gefahr dabei: Je kürzer die Dia-logsequenzen, umso weniger gut entwickelt sich das Gehör. Bestimmte Hörleistungen sind aber grundle-gend für das Sprachverständnis und damit auch für das Lesenlernen.

SM *Welche Hörleistungen sind das?*

MW Zum Beispiel das Richtungshören. Das bedeu-tet, dass ein Kind eine Schallquelle orten und einer Person auch dann zuhören kann, wenn diese sich im

Raum bewegt. Es gibt zunehmend Kinder, die das nicht können. Sie konzentrieren sich dann nur auf die Bewegung und sind nicht mehr in der Lage zuzuhören. Vermutlich, weil die Dominanz der bewegten Bilder die Wahrnehmungsmuster prägt.

Wichtig ist auch die so genannte Hörmerkspanne. Der Begriff meint die Anzahl der Worte und Zahlen, die man im Kurzzeitgedächtnis behält. Schulanfänger sollten in der Lage sein, sich vier sinnfreie Silben in der richtigen Reihenfolge merken und nachsprechen können, beispielsweise „sa-fu-ri-ne". Schüler brauchen diese Hörmerkspanne etwa bei mehrgliedrigen Anweisungen wie „Holt das rote Heft heraus, schlagt Seite neun auf und macht dort die zweite Aufgabe".

SM *Wenn immer der Fernseher läuft, lernt man all das nicht?*

MW Studien haben gezeigt, dass Sprachmelodie und Sprachbetonung nicht aufgenommen werden können, wenn sie ständig von Hintergrundgeräuschen überlagert werden. Der Sprachrhythmus ist aber zum Sinnverstehen und für die Kommunikation sehr wichtig. Man sagt ja nicht umsonst: Der Ton macht die Musik. Bei Dauergeräuschen kann weder das aufmerksame Zuhören, noch das Heraushören bestimmter Laute aus einem Wort gelernt werden. Das sind jedoch die Voraussetzungen für den Schriftspracherwerb. Außerdem haben lärmgeschädigte Kinder eingeschränkte Aufmerksamkeitsfenster, sie schalten schneller ab.

SM *Wie viele Kinder zeigen denn sprachliche Auffälligkeiten?*

MW Nach Untersuchungen von Katrin Neumann an der Universitätsklinik Frankfurt (Klinik für Phonia-trie und Pädaudiologie) sind 70 Prozent der fünfjährigen, monolingual aufwachsenden deutschen Kinder unauffällig, 20 Prozent brauchen eine gezielte sprachpädagogische Förderung und 10 Prozent Logopädie. Der Bedarf an Logopädie ist bei Migranten etwas höher, aber Kinder aus Migrantenfamilien benötigen mit einem Anteil von 40 % doppelt so häufig sprachpädagogische Förderung. Sprachauffällige Kinder können bestimmte Laute nicht normgerecht aussprechen, Sätze nicht richtig bilden, haben einen beschränkten Wortschatz und können Sprache nur unzureichend in Handlungen umsetzen.

SM *Sie betreuen auch Schulen mit hohem Anteil an ausländischen Kindern und haben besondere diagnostische Verfahren entwickelt, um zu erkennen, wie weit diese in ihrer Sprachentwicklung sind. Was empfehlen Sie deren Lehrern?*

MW Sie sollten die Grundunterschiede der meistgesprochenen Migrantensprachen zur deutschen Grammatik kennen und Eltern danach fragen. Im Türkischen gibt es zum Beispiel keine Artikel wie der — die — das. Das müssen diese Kinder dann ganz neu lernen. Es gibt auch keine Präpositionen wie „am Haus", sondern diese Bedeutung wird als Silbe an das Wort angehängt.

SM *Wenn Kinder wie in bilingualen Konzepten in ihrer Erstsprache bestärkt werden, haben sie es dann leichter mit der zweiten?*

MW Ja natürlich. Wenn bestimmte Muster der Laut-, Wort- und Satzbildung in der Erstsprache angeeignet worden sind, ist es leichter, Deutsch als Zweitsprache zu lernen.

SM *Wie können die Lehrer das erkennen und Kindern weiterhelfen?*

MW Die Kollegen brauchen bestimmte Analysefähigkeiten für die Kindersprache, die in der Ausbildung oft unzureichend vermittelt werden. Dann gibt es derzeit eine große Diskussion, welche sprachlichen Fähigkeiten zum Schulanfang vorausgesetzt werden können und wo noch Förderung notwendig ist. Wir haben schon sehr viel dazu gelernt, das merkt man an den IGLU-Studien, bei denen die deutschen Grundschulen immer besser abschneiden. Es gibt aber noch Punkte, wo Lehrer im Hinblick auf interkulturelles Lernen noch sensibler werden sollten, um mehrsprachigen Kindern Wertschätzung zu signalisieren.

Schon im vorschulischen Bereich gibt es große Bemühungen, sprachliche Fähigkeiten mit bestimmten Programmen zu trainieren. Ein Ziel ist, neben der Erweiterung der kommunikativen Kompetenz, das Erreichen der so genannten phonologischen Bewusstheit. Kinder müssen hören können, mit welchem Laut ein Wort beginnt, welcher in der Mitte ist und mit welchem es endet, sie sollten also nicht Nadel mit Nagel verwechseln.

SM *Warum ist die phonologische Bewusstheit so wichtig?*

MW Die Aufmerksamkeit muss von den Wortbedeutungen auf die Lautgestalt gerichtet werden. Je besser sie das hören, desto eher wissen sie, welches Zeichen zu welchem Laut gehört: Ball hört mit /l/ auf und die Tür fängt mit /t/ an. Nach Längsschnittstudien ist bei durchschnittlich begabten Kindern die phonologische Bewusstheit relevanter für den Schul-

erfolg als der Intelligenzquotient. Darum wird das jetzt auch in Frankfurt mit einem verbindlichen Verfahren, dem Münsteraner Screening, diagnostiziert und durch Trainingsprogramme gefördert.

SM *Reicht das denn, um eventuelle kommunikative Defizite in Familien auszugleichen?*

MW Das Sprach- und Kommunikationsvorbild von Eltern und Lehrern ist das A und O, denn Kinder übernehmen dies intuitiv von Erwachsenen. Meist werden praktische Fördermöglichkeiten für die Kinder in der Schule gerne angenommen, sind aber natürlich nicht ausreichend. Ergänzende außerschulische Hilfen wären gerade für besonders belastete Familien dringend nötig.

SM *Müssten Lehrer eine Art Kommunikationstraining machen?*

MW Das wäre wirklich gut und am besten auch ein Training, wie man etwas erklärt und wie man Kindern ein positives Feedback gibt. Die Optimierung der Unterrichtssprache ist ebenso wichtig wie die Öffnung von Unterrichtsformen, die Lernen mit allen Sinnen und individuelle Förderung ermöglichen.

SM *Ihr Zukunftswunsch für Kinder und Lehrer?*

MW Dass sie erleben dürften, wie angenehm leise Schulen sind. Ich habe Exkursionen in die Niederlande und nach Dänemark mit Studenten und Lehrern gemacht. Sie waren ganz begeistert von der entspannten Atmosphäre dort. Kein Lehrer brüllte, Gesprächsregeln wurden selbstverständlich eingehalten, man konnte auch leise Kinder verstehen — ein Aha-Erlebnis der besonderen Art.

Buchtipps von Marianne Wiedenmann
zur Sprachförderung im Kindergarten und in der Grundschule

- Beaumont, E. (Hrsg.) (2008). Dein buntes Wörterbuch: Deutsch/Türkisch; (2004). Dein buntes Wörterbuch: Deutsch/Bosnisch/Kroatisch/Serbisch; (2003) Dein buntes Wörterbuch: Deutsch-Polnisch und (2002) Dein buntes Wörterbuch: Deutsch-Russisch. Köln: Fleurus Verlag.

- Bydlinski, G. (2002). Wasserhahn und Wasserhenne — Gedichte und Sprachspielereien. Düsseldorf: Patmos Verlagshaus.

- Cros, R. (1999). 10 kleine Zappelmänner — Deutsch als Fremdsprache für Vor- und Grundschulkinder, Handbuch (inklusive Sing-, Bastel- und Spielheft und Kassette). München: Klettverlag.

- Damm, A. (2006). Frag mich! 108 Fragen an Kinder, um miteinander ins Gespräch zu kommen (ab 4 Jahre) (7. Aufl.). Frankfurt am Main: Moritz Verlag.

- Damm, A. (2007). Ist 7 viel? 44 Fragen für viele — Antworten (ab 6 Jahre) (5. Aufl.). Frankfurt am Main: Moritz Verlag.

- Eberhard, I. (2004). Mein erstes Wörter-Bilder-Buch in 3 Sprachen: Deutsch, Englisch, Französisch. Freiburg: OZ Velber.

- Fischer Olm, A. (2002). Alle Sinne helfen mit — Ganzheitliche Arbeit in Kindergarten, Vorstufe und Grundschule. Dortmund: Verlag modernes lernen — borgmann publishing.

- Götte, R. (2002). Sprache und Spiel im Kindergarten — Praxis der ganzheitlichen Sprachförderung im Kindergarten (9. Auflage). Berlin, Düsseldorf, Mannheim: Cornelsen Verlag Scriptor.

- Küspert, P., Schneider, W. (1999). Hören, lauschen, lernen: Sprachspiele für Kinder im Vorschulalter. Würzburger Trainingsprogramm zur Vorbereitung auf den Erwerb der Schriftsprache. Göttingen.

- Montanari-Murkhardt, E. (Hrsg.) (2000). Wie Kinder mehrsprachig aufwachsen. Frankfurt a. M.: Verlag Brandes & Apsel.

- Rieck, G. (1999). Fördern durch Spielen — Spielesammlung zur Förderung von Kindern im Vorschulalter. Dortmund: verlag modernes lernen — borgmann publishing.

- Schlösser, E. (2001). Wir verstehen uns gut. Spielerisch Deutsch lernen. Münster: Ökotopia Verlag.

- Sedlak, F., Sindelar, B. (1992). Frühförderung für Vorschüler: Hurra, ich kann's. Wien: Österreichischer Bundesverlag.

- Stadt Frankfurt am Main (Hrsg.) (2003): Meine, deine, unsere Sprache — Konzeption für eine Sprachförderung, Videofilm mit Begleitheft. Frankfurt.

- Meine kleine Satzwerkstatt. (2006). Frankfurt am Main: Moritz-Verlag

- Scheerer-Neumann, G., Schnitzler, C. D. (2006). Café der Tiere. Buchstabenbuch für Vorschulkinder und Schulanfänger. Seelze: Kallmeyer bei Friedrich Velber.

- Tophinke, D. (2008). Sprachförderung im Kindergarten — Julia, Elena und Fatih entdecken gemeinsam die deutsche Sprache (2. Auflage). Berlin, Düsseldorf, Mannheim: Cornelsen Verlag Scriptor.

- Winner, A. (2007). Kleinkinder ergreifen das Wort — Sprachförderung mit Kindern von 0 bis 4 Jahren. Berlin, Düsseldorf, Mannheim: Cornelsen Verlag Scriptor.

Ganz Ohr für Stille, Laute, Silben

Hören ist eine oft vernachlässigte Kulturtechnik, dabei ist es das Fundament des Sprechen- und Lesenlernens. In den „Hörclubs" der Frankfurter Albrecht-Dürer-Schule steht deshalb montags „Hören" auf dem Stundenplan und damit zugleich konzentriertes Arbeiten und bewusstes Wahrnehmen von Lärm und Stille.

Tatjana wagt kaum zu atmen und gibt vorsichtig, vorsichtig den Bogen Zeitungspapier an ihren Nachbarn Latif weiter. Der beißt sich fast auf die Zungenspitze, während er die Zeitungsseite ohne zu rascheln ganz sacht an Azu weiter gibt und die dreht sich jetzt langsam zu Benina ... Im Zustand höchster Konzentration reichen sich zehn Kinder das große Blatt von Hand zu Hand, bis das „wandernde Zeitungspapier" wieder bei Grundschullehrerin Gaby Junginger zurückgekommen ist. „Bravo, das habt ihr gut gemacht. Ich

habe wirklich nichts, aber auch gar nichts gehört!", lobt sie. Die Kinder lächeln. Sie mögen dieses Konzentrationsritual, mit der ihre Lehrerin sie auf Ruhe und Konzentration für die nächsten 45 Minuten einstimmt. Die kleine Gruppe von zehn Kindern hat für ein halbes Jahr jeden Montag eine besondere Art Unterricht, in dem es um Zuhören und Konzentrieren, aber auch ums Entspannen geht. Unter den sehnsüchtigen Blicken ihrer Mitschüler aus der 3b ziehen sie um Viertel vor neun mit ihren Mäppchen ins „Hörstudio" der

Frankfurter Albrecht-Dürer-Schule. Die stolzen Auserwählten sind „besonders Bedürftige in jeder Hinsicht", sagt die Klassenlehrerin. Es sind diejenigen, die sich schlecht ausdrücken können, oft zappelig sind, auch mal zuschlagen und sonst in der Klasse von zweiundzwanzig Kindern schnell den Faden verlieren. Wenn aber auf ihrem Stundenplan „Zuhören" steht, sind sie mit Begeisterung dabei.

„Was hört man da?", lautet die nächste Aufgabe in dem kleinen, halbdunklen, himmelblauen Raum: „Klingt wie Scherben..." − „Eis, ich höre Eis." − „Scherben, die im Wasser liegen." Patrick und Miriam beschreiben ganz treffend, was zu hören ist, wenn Lava abkühlt und erstarrt. Und das ist nur eines von vielen erstaunlichen Geräuschen, die Gaby Junginger aus der schwarzen Kiste, die wie eine große Lautsprecherbox aussieht, hervorzaubern kann. Materialien und Technik stammen aus dem Projekt „Hörclubs" der „Stiftung Zuhören", an dem die Grundschule bereits seit sieben Jahren teilnimmt. Das Hörprojekt wird von verschiedenen Sponsoren aus dem Medienbereich und der Wirtschaft unterstützt. Ursprünglich war es eine Idee des Hessischen Rundfunks, durchaus mit dem Hintergedanken, dem Nachwuchs niveauvolle Hörstücke schmackhaft zu machen. Mehr als 300 solcher Lauschgruppen gibt es mittlerweile bundesweit. Erklärtes Ziel des Vorhabens, das ähnlich funktionieren soll wie die „Stiftung Lesen": eine Öffentlichkeit für bewusstes Hören schaffen. Nach Meinung der Stifter ist dies ein Puzzlestein auch für die viel beschworene Medienkompetenz.

Ohren wachgerubbelt

Jede Woche enträtseln die Acht- bis Zehnjährigen ein neues, ungewohntes Geräusch in ihrem kuscheligen Hör-Zimmer. Kaum zu glauben: Dieses Rückzugsgebiet soll ein Schulraum sein? „Früher lagerten hier Landkarten", erklärt die Lehrerin, doch davon zeugen jetzt nur noch weiße Metallbügel, an denen die Karten früher aufgehängt wurden. Wände und Decke des quadratischen Zimmerchens leuchten in der Farbe von Vergissmeinnichtblüten. Teppich und Vorhänge sind dunkelblau. In einer Ecke findet sich das wichtigste Mobiliar: ein Stapel Kissen. Bei Regalaufbau, Malerarbeiten und Teppichbodenverlegen haben die Eltern Hand angelegt, die 500 Euro für die Materialien stellte ein großzügiger Sponsor zur Verfügung.

Die Kissenkinder gruppieren sich im Kreis. Jetzt werden die Ohren „wachgerubbelt". „Rauschen sie schon?", fragt die Lehrerin nach, „nein? Dann noch mal!" Heftig werden die Ohren bearbeitet, und dann geht es weiter mit dem Hörtraining: Alle legen sich auf den Bauch, den Kopf aufs Kissen. „Psst. Augen zu!" Mit einem Triangel in der Hand huscht die Lehrerin unhörbar in eine Zimmerecke. Plingngng... Lange hallt der helle Ton nach. Mit dem Zeigefinger sollen die Kinder blind die Richtung anzeigen, in der sie seine Quelle vermuten und die Hand heben, wenn sie ihn nicht mehr hören können. Diese Aufgabe klappt auch mit denen gut, die sonst schlecht zu motivieren sind und durch ihre Eltern zuhause mehr Fernsehsendungen als Bildung kennen lernen, resümiert die Pädagogin.

Die Albrecht-Dürer-Schule liegt am Stadtrand und beherbergt Kinder aus 30 Nationen. Die Leiterin erzählt: „Wir hatten schon immer die Idee, einen Raum der Stille einzurichten." Als das Lehrerteam von den Hörclubs erfuhr, sah es darin ein anspruchsvolles Potenzial zur Förderung von Kindern. Das Material der Stiftung war ursprünglich nur für dritte und vierte Klassen gedacht, weil man eher intellektuell arbeiten wollte. Die teilnehmenden Pädagogen allerdings haben schnell die Chancen erkannt, die in solchen Stunden gezielten Hörens und Entspannens liegen könnten, und berichten heute von guten Erfahrungen auch schon mit Schulanfängern. Kein Wunder: Lautwahrnehmung ist die Grundlage des Lesenlernens. Wissenschaftliche Studien dazu gibt es bereits seit mehr als fünf Jahren, sie untermauern die Erfahrung der Pädagogen. Was sich störend auf das Lernen auswirkt, wurde ebenfalls untersucht: Es sind vor allem Sprachgeräusche aus dem Hintergrund, etwa durch Radio oder Fernsehern.

Silbenteppiche fürs Lesen

Auch Gaby Junginger geht gern schon mit Erstklässlern ins Hörstudio. Ein Spiel, das sie sich zur Lautwahrnehmung für die Jüngsten ausgedacht hat, kommt besonders gut an. Dafür basteln die Kinder vorher einen bunten Pappfisch mit drei fingerdicken Löchern. Es gibt je einen Fingerdurchschlupf am Schwanz des Fisches, in der Mitte und am Kopf. Die Lehrerin fragt dann etwa nach der Position des „K" in dem Wort Klasse und bei allen, die das schon wissen, lugt der Finger vorn aus dem Fisch. Eine andere Spielidee heißt „Silbenteppich". Dabei werden Worte wie „Klaster" und „Schwesse" vorgelesen. Die Kinder müssen sie dann nach ihren Silben – Klas-se, Schwes-ter – wieder auseinander dröseln und die richtigen Worte bilden.

Fazit der Hörclub-Lehrerin nach sieben Jahren: „Je früher die Kinder damit anfangen, um so selbstverständlicher gehen sie damit um. Aber: Es darf sich nicht alles nur noch ums Hören drehen", das sei zu einseitig. Sie

Triangel-Lauschübung

Labyrinth der Töne

verwendet deswegen außer dem Hörclubordner noch therapeutisches Unterrichtsmaterial für wahrnehmungsgestörte Kinder, das sie vor Jahren entdeckte. Eines ihrer Lieblingsfundstücke ist die „Wasserübung". Die Kinder müssen das Hörbare — Platschen, Tropfen oder Rauschen von der CD — dem Sichtbaren auf Bildkarten zuordnen. Gar nicht so einfach. War das eben die Brause im Schwimmbad, der Brunnen oder der Wasserstrahl in der Badewanne? Und was planscht da jetzt? Janina hat es am schnellsten herausgefunden: Heftig bewegt sie die Arme. „Genau", bestätigt Gaby Junginger nickend, „hier wird gerudert". Zu einer Hälfte ist dieser Kurs spielerische Sprachförderung: dafür sucht sie vor allem Ideen heraus, die alle Sinne ansprechen — so bleiben auch Kinder am Ball, die sonst große Probleme mit Stillhalten und Aufmerksamkeit haben. Zur anderen Hälfte habe die Stunde durchaus einen „therapeutischen Sinn", erklärt die Pädagogin: Hier könne sie besonders unruhigen Kindern eine Art Sonderzuwendung geben, im Rahmen eines entspannten Unterrichts und ohne Druck, sich vor den anderen bewähren zu müssen.

Weiterer Pluspunkt: „Zuhörförderung verbessert nachweisbar das Unterrichtsklima". So lautete der zentrale Befund der Münchener Studie „GanzOhrSein". Für die immer noch grundlegende Untersuchung wurden vierzehn Projektschulen mit besonderen Methoden der Zuhörförderung begleitet. Die Klassen zeigten nach zwei Jahren verblüffende Verhaltensänderungen:

- Die Kinder ließen sich gegenseitig ausreden.
- Die Lehrerin musste weniger oft schreien.
- Das Sozialklima verbesserte sich.

Pädagogen, die Hörclubs durchführen, können diese positiven Effekte aus eigener Erfahrung bestätigen. Von der Wichtigkeit, Hören gesondert zu trainieren, sind sie überzeugt: Die Kinder seien spürbar weniger zappelig und achteten bewusster auf Klänge und Lärmvermeidung. Einmal in der Woche ist dafür eigentlich zu wenig. Manche integrieren deshalb regelmäßig Hörübungen ins normale Lernprogramm. Wer den Lärmpegel in Schulen kennt, weiß, was das wert ist.

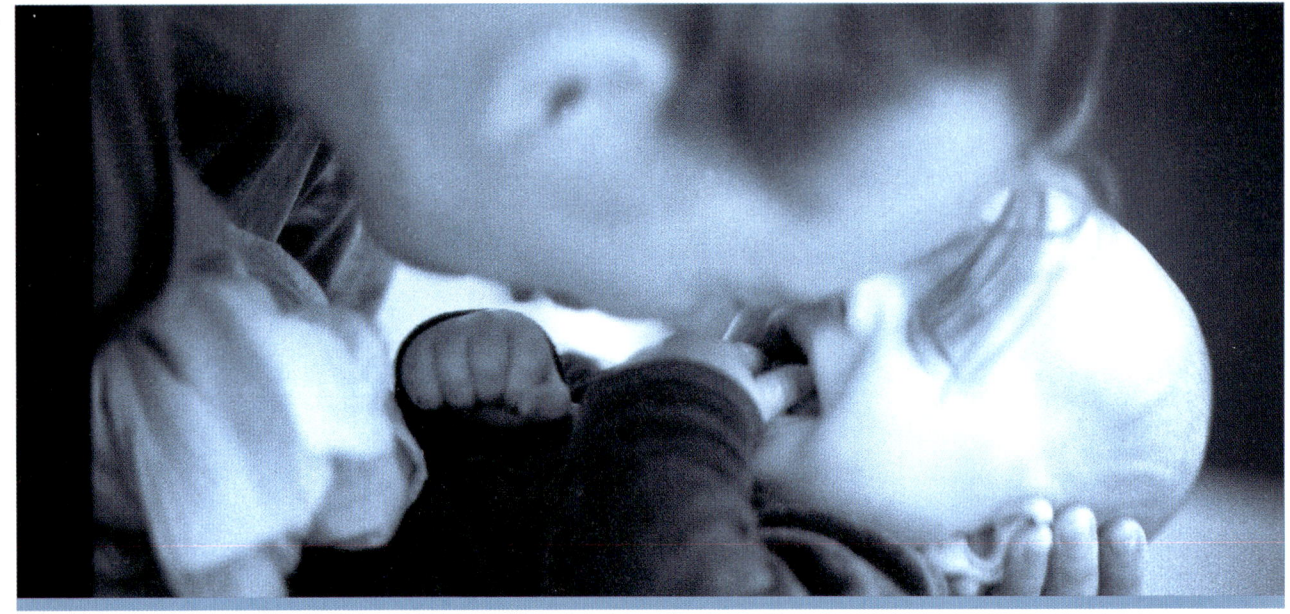

Hintergrund:
Memory Talk – der Zusammenhang
von Sprache und Gedächtnis

Je weiter wir im Geist unseren Lebensfilm zurückspulen,
desto fragmentarischer wird er, bis er gänzlich stoppt – der Anfang fehlt.
Ab wann taucht das „Ich" auf und warum? Die Sprache ist der Schlüssel,
Erinnern ist das Ergebnis von Kommunikation. Die Muster des Erinnerns und
Denkens lernen wir als Kinder von unseren Bezugspersonen.

Der Blick zurück ist geheimnisvoll und spannend: Plötzlich tauchen aus der verschwommen belichteten Kinderzeit erste Erinnerungsmomente auf, üblicherweise aus der Zeit, als der Rückblickende etwa vier Jahre alt war — was davor erlebt wurde, versinkt im Vergessen. Warum eigentlich? Die Neurobiologie erklärt diese „frühkindliche Amnesie" mit Reifungsprozessen des Gehirns. Gleichzeitig wurde entdeckt, dass die frühen Jahre von größter Bedeutung für die Entwicklung des Menschen sind. Babys, das weiß man heute, sind keineswegs die passiven Reflexbündel, für die man sie lange hielt, und schon Kleinkinder haben intuitive Wissenstheorien. Daher scheint die neurobiologische Erklärung des frühen Vergessens nicht ausreichend, zumal sich bereits Babys über Tage hinweg, Kleinkinder bis zu einem Jahr, an bestimmte Situationen erinnern können. Nur: Reden können sie darüber noch nicht — und genau das wird heute von einigen Frühpädagogen und Entwicklungspsychologen als Hauptgrund für das spurlose Verschwinden der frühen Erlebnisse angesehen.

Auf unterschiedlichen Wegen sind die Wissenschaftler der verschiedenen Disziplinen zu frappierend ähnlichen Befunden gekommen: Art und Qualität des Eltern-Kind-Dialogs entscheiden demnach maßgeblich darüber, was und wie wir lernen und erinnern. Die Bildungsexpertin und Psychologin Kristin Gisbert-Schuppan weist mit ihren Forschungen vor allem auf den direkten Zusammenhang von sprachlicher Aufarbeitung von Erlebnissen und metakognitiven Kompetenzen hin, während die New Yorker Entwicklungspsychologin Katherine Nelson seit 1994 ihre Untersuchungen auf die Verzahnung von Spracherwerb und „Selbstverstehen" sowie autobiografischem Gedächtnis fokussiert. Diese und weitere Studien zeigen: Sobald Kinder Sätze bilden können, beginnen sie mit ihren Eltern auch über Vergangenes zu reden — der Fachbegriff lautet „Memory Talk". Es ist der Augenblick, in dem das „Ich" emportaucht: Wir lernen Erinnern.

Miteinander glucksen

Das autobiografische Gedächtnis funktioniert nämlich gerade nicht wie ein innerer Videorekorder, der einfach mitläuft, sondern bedarf des intensiven Austauschs zwischen Eltern und Kind. Es sind die ersten Bezugspersonen, noch immer meist die Mütter, die den Grundstein für Memory Talk und Spracherwerb legen. Denn schon bevor sich Kinder in Worten äußern können, versuchen sie sprachliche Äußerungen zu verstehen und darauf zu antworten. Die Bedeutung der

Worte erahnen sie durch den sozialen Zusammenhang, in dem sie vorkommen, etwa beim Spielen, Gefüttert- oder Gewickeltwerden. Die Weichen für die Qualität des späteren Spracherwerbs werden also schon am Wickeltisch gestellt. Entscheidend ist, wie Eltern auf ihre Kinder und deren frühe Äußerungen reagieren. Wenn Eltern die Gluckser oder Schreie ihrer Babys durch ähnliche Laute immer wieder positiv beantworten und diese jeweils passend mit einen lächelnden oder mitfühlenden Ausdruck begleiten, entsteht durch jene elterliche Rückmeldung eine Art früher Konversation. Babys, die so aufwachsen können, zeigen schon im Alter von drei Monaten „reifere Interaktionen". Sie halten nach den mütterlichen Äußerungen inne und ihre eigenen Lautäußerungen klingen sprachähnlich.

Die biologischen Grundlagen zum Erlernen der Muttersprache werden verschiedenen Studien zufolge erst durch eine sprachförderliche Umwelt in Gang gesetzt und geformt, in der Regel durch Fragen oder konventionalisierte, soziale Routinen, wie Kuckuck spielen oder Bilderbuch anschauen. Das Wissen um solche wiederkehrenden Situationen ermöglicht es kleinen Kindern, an einer Gemeinschaft teilzuhaben. Indem sie vorhersehen, was passieren wird, können sie ein bisschen mitbestimmen. Das ist sicher ein Grund, warum kleine Kinder Wiederholungen so lieben. Es lohnt sich für sie, diese Handlungsabläufe nicht zu vergessen. Dieses beruhigende Gefühl, Situationen aufgrund von Routinen im Griff zu haben, bleibt bis ins Erwachsenenalter erhalten. Die Frage nach dem „Warum" des frühkindlichen Vergessens hielt die Forscherin Katherine Nelson deshalb für den falschen Ansatz. Viel aufschlussreicher schien es ihr zu erfahren, warum wir uns an bestimmte, einmalige Episoden erinnern.

Dieser Perspektivwechsel führte zu neuen Fragen: Wie wichtig sind die Bedingungen für das Erinnern und welchen Einfluss haben die Erwachsenen darauf? Um Antworten zu erhalten, beobachtete Nelson zusammen mit ihrer Kollegin Minda Tessler Mütter mit ihren drei- bis dreieinhalbjährigen Kindern bei einem Museumsbesuch. Für den Versuch baten sie einen Teil der Frauen, nur die Fragen ihrer Kinder zu beantworten, aber selbst keine Gespräche zu beginnen, den anderen stellten sie frei, wie und worüber sie während des Rundgangs reden wollten. Die Dialoge wurden auf Tonband festgehalten. Eine Woche später fragten die Wissenschaftlerinnen, was sich die Kinder gemerkt hatten. Zunächst fiel auf, dass sie sich an Objekte erinnerten, über die während des Museumsbesuchs auch gesprochen wurde. Spannender noch war die Erkenntnis, dass Kinder darüber hinaus nur von solchen Dingen erzählten, an denen sie selbst interessiert waren. Wenn also die Mütter über etwas gesprochen hatten, das ihre Aufmerksamkeit nicht erregt hatte, vergaßen sie es wieder. Diese Ergebnisse unterstreichen sowohl den aktiven Part der Kinder als auch den interaktiven Aspekt beim Erinnern.

Erzählspuren im Gehirn

Der wichtigste Befund erschloss sich jedoch aus den Mutter-Kind-Dialogen. Nelson und Tessler unterschieden vor allem danach, *wie* sie geführt wurden: ob ein „narrativer", erzählender Gesprächsstil oder ein „repetetiver", wiederholender gepflegt wurde. Mütter mit narrativer Dialogform verwiesen im Museum beispielsweise auf frühere Ausflüge oder regten Gespräche an, die über die Bilder oder Ausstellungsstücke hinauswiesen, etwa „Was passiert wohl als nächstes?" Der repetetive Stil steht dagegen für abfragend und kate-

gorisierend – diesen Kindern blieb später eher das Wissenswerte als der Erlebnischarakter des Museumsbesuchs im Gedächtnis. Wie unterschiedlich die Umwelt durch die beiden Dialogformen tatsächlich betrachtet wird, verdeutlichen die von Nelson und Tessler aufgezeichneten Gespräche beim Anschauen eines Bilderbuchs. Die folgenden Beispiele beziehen sich auf eine Szene, die eine Frau mit überquellenden Einkaufstaschen zu ihren Füßen zeigt, sie sitzt auf einem Stuhl und hat einen Schuh ausgezogen:

- Die repetetive Reaktion auf den Ausruf „Guck mal, eine Frau!" erfolgte mit den Worten „Ja. Was macht sie?" – Kaum hatte das Kind geantwortet „Sie sitzt da", wurde weitergeblättert.

- Beim narrativen Beispiel sagt das Kind als erstes, „Schau mal die Frau, die da sitzt!", worauf die Mutter antwortet: „Oh ja, wie kommt es, dass sie so seltsam aussieht?" – „Vielleicht ist sie müde?", meint das Kind, und wird darin bestätigt: „Sicher ist sie das. Schau mal, was sie alles gekauft hat!"

Leider fehlt in den Untersuchungen durchweg die Väterposition. Natürlich prägen auch sie die Erlebnisse und Gedanken ihrer Kinder mit. Zu vermuten ist, dass die narrative oder repetetive Gesprächsform jeweils einer familiären Gewohnheit entspricht, diesen Schluss legt die Folgeuntersuchung der Wissenschaftlerinnen nach der Beständigkeit der mütterlichen Dialogformen nahe. Dafür sollten Vierjährige und ihre Mütter bei einem „Foto-Spaziergang" zwölf Szenen ihrer Wahl fotografieren. Eine Woche später erstellte das Versuchsteam zusammen mit den Kindern aus den Bildern ein Fotoalbum und ließ sich die Motive erklären. Dabei wurde ein Teil der Kinder in dem ihnen geläufigen Gesprächsstil angesprochen, ein anderer Teil mit der jeweiligen Gegenform. Zwar waren die Forscherinnen von einer gewissen Stil-Stabilität ausgegangen, doch nicht in diesem Ausmaß: Die Kinder behielten nicht nur gegenüber den Interviewern die gewohnte Dialogform bei, sondern formulierten die Fragen für sich selbst so um, dass sie entsprechend entweder in der gewohnten narrativen oder repetetiven Weise antworten konnten.

Nelson und Tessler sahen die These bestätigt, dass es nicht darauf ankomme, wie die Informationen im Gehirn verarbeitet werden, sondern was sie uns bedeuten und was wir daraus folgern: „Wir lernen nicht nur erzählen, wir lernen erleben". In der Qualität des Eltern-Kind-Dialogs liegt damit ein wesentlichen Faktor für frühe Lernkompetenzen. Dazu passt auch das Ergebnis einer anderen Studie, derzufolge Mädchen deshalb mehr Einfühlungsvermögen haben als Jungen, weil man mit ihnen mehr über Gefühle spricht.

Denkschatz der frühen Tage

Das in vielen Kindertageseinrichtungen noch relativ neue Führen von Bildungs-Tagebüchern bekommt somit einen weiter reichenden Aspekt. Selbstverständlich wird dennoch vieles ins Vergessen rutschen. Im Unbewussten bleiben jedoch einige der als Kind gewonnenen Vorstellungen als Grundstruktur des Denkens und Fühlens erhalten. Während der Zeit der größtmöglichen Plastizität des menschlichen Gehirns in der frühen Kindheit werden durch Wiederholungen oder Assoziationen die synaptischen „Trampelpfade" im Gehirn angelegt. Sie führen womöglich dazu, dass Menschen trotz aller Veränderungen, denen sie unterworfen sind, ein Gefühl der inneren Kontinuität spüren.

Spontane Aufzeichnungen durch Erzieher könnten sich — gerade vor dem Hintergrund zunehmenden Zeitmangels in Familien — als wichtige Dokumentationen erweisen. Indem das Kind über seine eigenen Erfahrungen nachdenken und sie aus der jeweiligen persönlichen Entwicklungsperspektive neu bewerten kann, könnten sie zu Bausteinen des sich entwickelnden Selbstkonzepts werden. Eine Art Initialzündung des Ich, denn das Kind spürt recht bald, dass sich seine eigene Sicht der Dinge von der Erwachsenenperspektive unterscheidet.

* Dieser Text wurde in einer ähnlichen Fassung in *Psychologie heute* (2006), Heft 3, S. 64–68, veröffentlicht.

Metakognition

Metakognition – über das Denken nachdenken

So viel Wissen wie möglich wollen wir unseren Kindern mitgeben. So viel wie möglich sollen sie lernen, damit sie gerüstet sind für die immer unwägbareren Anforderungen der Zukunft. Nur: wie kommt das Wissen in die Kinderköpfe? Ich beobachtete einmal eine Großmutter, die einen Buggy vor sich herschob und ohne Pause und in schöner Gerechtigkeit wiederholte: „Mama, Papa, Mama, Papa". Wohl eine Art Sleep-Teaching, das Kind hing jedenfalls teilnahmslos in seinem Buggy. Das Kind mag wegen des Singsangs gut geschlafen haben, doch gelernt hat es sicher nichts. Denn: nicht das Vorsagen oder Vormachen setzt Lernprozesse in Gang, sondern erst das Bewusstwerden dessen, was ich gerade tue und warum ich es tue.

Kinder lernen im Austausch mit anderen Menschen. Das kann eine intensive Auseinandersetzung, ein Spiel oder eine Anregung von Erwachsenen sein. Letztlich aber führt vor allem das Gespräch über das Tun zur Erkenntnis und dadurch zum Erinnern und Lernen. „Metakognition" heißt dieser Vorgang des Bewusstwerdens, der auch mit Nachdenken über das eigene Denken umschrieben werden könnte. Dies kann schon in den frühen Bildungsjahren berücksichtigt und durch reflektierende Gespräche unterstützt oder angeregt werden. Entscheidend für den Wissenszugewinn ist das Reflektieren der eigenen Ideen auf der „Metaebene" sowie die Erkenntnis, dass man über mehrere Wege zum gleichen Ergebnis kommt.

Effektives Lernen funktioniert verschiedenen Lernexperten zufolge in drei Schritten. An erster Stelle steht das eigene Interesse, darauf folgt eine Beschäftigung mit dem entsprechenden Thema, also das Tun, und schließlich die Auseinandersetzung damit, die Deutung oder Erklärung dessen, was geschehen ist. Und all das funktioniert am besten, wenn die eigene Motivation hoch, der äußere Druck gering und das soziale Umfeld positiv sind. Man könnte auch sagen, Bindung kommt vor Bildung. Diese Erkenntnisse liegen eigentlich auf der Hand, werden immer wieder durch neue Studien bestätigt und dennoch viel zu wenig berücksichtigt. Daher stammen unsere Beispielreportagen aus Einrichtungen, bei denen das Kind in seiner besonderen Weise zu lernen, zu verstehen und die Welt zu erfahren, im Mittelpunkt steht: eine Gothaer städtische Kindertagesstätte, die nach dem Reggio-Ansatz arbeitet, sowie zwei privat organisierte Schulen, die „Freie Schule Marburg", deren Leitbild die Summerhill-Schule ist, und die „Aktive Schule" in Frankfurt, die pädagogisch auf den Ideen von Maria Montessori sowie Rebeca und Mauricio Wild fußt.

Begleiten, nicht belehren

„Recht auf Bildung" lautet das Motto des Reggio-Kinderhauses in Gotha-Siebleben. Seitdem die städtische Kita nach dem reformpädagogischen Ansatz arbeitet, hat sich im Team das Bild von Erziehung stark gewandelt: von der Belehrerin hin zur Begleiterin kindlicher Neugier.

Hinter jeder Tür eine Überraschung: Im Turnraum wird getanzt, eine Etage höher ein „U-Boot" gebaut und beim Theaterzimmer im obersten Stockwerk von innen die Klinke festgehalten: „Psst! Wir üben gerade Schneeweißchen und Rosenrot!" Ein buntes Angebot über drei Ebenen, dabei wirkt der nüchterne Zweckbau der 1991 eröffneten städtischen Kindertagesstätte von außen nicht gerade kinderfreundlich, innen aber wird der Mangel an Planerfantasie mehr als wett gemacht. Vor allem, seit vor dreizehn Jahren auf Reg-

gio umgestellt wurde. Um dem neuen reformpädagogischen Ansatz gerecht zu werden, wurde das Haus geradezu auf den Kopf gestellt. Drinnen erhielten die Räume abgestufte Podeste mit selbstgezimmerten Nischen und Treppen und verwandelten sich so in vielfältige Spiel- sowie Rückzugslandschaften. Auch draußen wurde Hand angelegt, Bäume und Kräuter gepflanzt, aus Weidenruten Häuschen gebaut. Der Rundgang führt treppauf, treppab. Um die „Schneeweißchen"-Theatergruppe nicht zu stören, schiebt

Leiterin Doris Tüngerthal den Besuch jetzt durch den Hintereingang in den Kostümfundus. Den müsse man gesehen haben, meint sie stolz, und weiter geht's kreuz und quer wie in einem Labyrinth, als Vorhut die sechsjährige Michell. Sie kennt sich aus und hüpft vorweg, dabei immer auf den zweiten, kindgerecht tiefer gelegten Handlauf klatschend.

Rückblickend war die aufwändige Gestaltungsarbeit die einfachere Übung, meint die Leiterin. Viel schwieriger sei es für die Kolleginnen gewesen, das eigene Bild von Erziehung auf den Prüfstand zu stellen. Damals habe man unter Kinderbetreuung noch ausschließlich „Pflege" verstanden. Weder Erzieherinnen noch Eltern waren gewohnt, auf selbstbestimm-tes, gemeinsames Erziehen und Lernen zu setzen. Sie mussten „erst weg vom Prinzip bevormundende Anleitung", resümiert sie. Bei Fortbildungen und Besuchen anderer Reggiohäuser in Italien und Schweden haben Leiterin und Team gründlich über den Gothaer Tellerrand geschaut. Auch die Eltern habe man durch Informationsabende und Aushänge einbezogen, damit sie merkten: „Wir betreuen nicht nur, sondern hier gibt es jeden Tag die Möglichkeit zum Lernen!" Wie dieses Lernen am besten gefördert werden kann, mussten sich die Erzieherinnen ebenfalls neu erarbeiten. Denn nicht nur für das Prinzip Reggio gilt: Wer Kinder je nach ihren Entwicklungsschritten gut begleiten will, muss lernen, gut zuzuhören und manchmal auch einfühlsam eingreifen können.

Unter Musikern

Rotkäppchen und der Wolf

Wer macht mit?

Weder gut zuhören noch einfühlsam eingreifen scheint in „Gruppe 2" ein Problem zu sein. Erzieherin Ines Wellendorf ist „auf Empfang". Während sie ein Blech frisch gebackener Salzbrezeln abstellt, beobachtet sie aus den Augenwinkeln drei Mädchen, die „Musik" machen. Lisa hat in jeder Hand eine birnenförmige Rassel und schüttelt sie mit aller Kraft, Laura schlägt den Takt mit einer kleinen Trommel und Franziska knarzt mit der Ratsche dazu. Ines Wellendorf holt ihre Gitarre, setzt sich zu den Mädchen und lächelt einladend in die Runde. Lisa reagiert sofort: „Können wir ‚Alle Vögel sind schon da' spielen?" und unterstreicht ihren Wunsch durch Schläge auf den Triangel. „Wer macht mit?" Wellendorf nickt anderen Kindern zu und los geht's mit Amsel, Drossel, Fink und Star. Mitten im Gewusel der Musikgruppenfindung und trotzdem ganz selbstvergessen schiebt Florian auf dem Boden ein kleines Auto umher. Lässt sich nicht aus der Ruhe

bringen — und wird selbst auch nicht aus der Ruhe gebracht, nicht mal gestreift.

Ein paar Schritte weiter wird „Rotkäppchen und der Wolf" gegeben. Das Publikum: zwei Mädchen, eine Erzieherin. Die Theatergruppe: Lion und seine Handpuppen. Die Bühne: ein Doppelstockbett. Eine Erzieherin und drei Kinder — hier wird Zuhörzeit geschenkt. Lion erzählt die alte Geschichte so mitreißend, dass die Zuschauerinnen völlig gebannt sind. „Damit ich dich besser fressen kann", dröhnt der Vierjährige gefährlich und stopft die Großmutter in das Riesenmaul der Wolfspuppe. Plötzlich gibt es einen Zuschauer mehr. Kevin wollte eigentlich nur zur „U-Bootbaustelle" durchflitzen, jetzt kann man ihm beim Nachdenken zuschauen: Bleibe ich hier? Nein, er entscheidet sich für das U-Boot, lässt sich fallen und kriecht auf allen Vieren unten an der Bühne vorbei, damit er die anderen nicht stört.

Erinnern und Nachdenken

Zwei zufällige Beobachtungen, dieselbe Rücksichtnahme. Offenbar eine wichtige Eigenschaft im Haus. Die eine oder andere Episode wird vielleicht später für eines der Bildungsportfolio notiert, die es für jedes Kind gibt. Anderorts werden diese Bildungs-Tagebücher auch Lerngeschichten genannt. Gemeint ist in allen Fällen dasselbe: Dokumentationen der beobachteten Entwicklungsschritte. Wichtig sind sie einmal für die Kinder selbst: zum Anschauen, Erinnern und Nachdenken. Während sie über das Vergangene reflektieren, trainieren sie die Schlüsselfähigkeiten des Lernens. Zum anderen bergen die Portfolios wichtige Informationen. Die Erzieherinnen sehen, wo das Kind steht, wo es Probleme hat, wo sie eventuell genauer hinschauen muss. An den kleinen Geschichten lässt sich gut ablesen, was die Drei- bis Sechsjährigen gerade erfahren möchten und welche Impulse sie dafür brauchen. Aber auch für die Eltern sowie später für die Grundschule sind die Bücher ein wichtiges Dokument: Die einen können an den Schlüsselerlebnissen ihres Kindes teilhaben, die anderen können es näher kennen lernen.

Zu den Pionierinnen des Hauses in Sachen Portfolio gehört Ilona Mitschke, die Integrationserzieherin der Einrichtung. Vor sechs Jahren schrieb sie erstmals täglich eine „Fünf-Minuten-Geschichte" auf – und empfand das neue Dokumentieren als Zumutung. „Erst mal dachte ich: Jetzt ist aber Schluss. Wir haben das Reggio-Konzept angefangen, Kneipp durchgezogen, Sportkindergarten, Lesenacht im Gymnasium, was denn noch alles?" Dennoch nahm sie zusammen mit ein paar Kolleginnen die Herausforderung an. „Eigentlich nur, um zu beweisen, das kann ja nicht klappen", zwinkert sie.

Ein Dreivierteljahr später ergab sich zufällig eine Situation mit mehreren Kindern, denen ihr Förderkind Julian „sein Buch" zeigen wollte. Während die Drei- und Vierjährigen sich die Fotos ansahen, las Ilona Mitschke die zugehörigen Geschichten und Dialoge vor – und die Kinder klinkten sich sofort ein: „Ja, der Traktor!" Sie erinnerten sich genau an die Gespräche, obwohl manche davon acht Monate zurück lagen. Die Erzieherin war baff. „Sogar Vanessa, die sonst nicht viel redete, wusste zu jedem Bild etwas zu sagen". Danach meinte das Mädchen, so ein Buch sei „ganz cool", sie wolle auch eins. Das saß. Ilona Mitschke war von nun an Feuer und Flamme für die Idee und warb auch bei den Kolleginnen dafür. Hilfreich für den Anfang fand sie einen systematisierten Beobachtungsbogen, nach dem das betreffende Kind mehrmals in der Woche fünf Minuten lang zu beobachten und das Gesehene und Gehörte zu notieren war.

Dabei wird die Vielfalt der Angebote gleich mit protokolliert. Für selbst initiierte Spiele stehen den Kindern alle Spiel- oder Baumaterialien, aber auch die Orff'schen Musikinstrumente in Griffhöhe zur Verfügung. Darüber hinaus gibt es regelmäßig Impulse der Erzieherinnen: sei es beim Stadtbesuch, Tanzen oder durch Kneippanwendungen. „Die Kinder wissen, dass sie auf Nachfrage auch Computer- oder Schachspielen können, wenn sie mögen", betont Doris Tüngerthal. Schach? Sie fischt eine Projektmappe mit Bildern aus dem Schrank. Tatsächlich. Und zwar wie die Profis mit einer Doppeluhr auf dem Tisch. Noch was? „Ja, eine unserer Muttis bietet Englischnachmittage an." Schmunzelnd beschreibt die Leiterin eine Dreijährige, die daran teilnimmt. Zu Hause erzähle sie davon übrigens kein Wort. „Sie sagt, sie spricht das nur hier." Damit Kinder und Eltern gleichermaßen Zugriff haben, stehen alle Hefter, Projekt-Mappen und Ordner in den Regalen der Gruppenräume.

Transparenz und Respekt

Der partnerschaftliche Umgang mit den Eltern gehört für die Einrichtung ebenso zur gemeinschaftlichen Erziehungsidee wie die Öffnung nach außen. Daher bemüht sich Doris Tüngerthal schon seit fünf Jahren um die Kooperation mit den nahe gelegenen Schulen. Die Lesenacht etwa im Gymnasium hat einen festen Platz im Jahresprogramm. Aber auch andere Stadtteil-Verknüpfungen sind ihr wichtig, daher gibt es unter anderem Theatervorführungen im Seniorenclub. Seit der Umstellung auf Reggio-Pädagogik sei das Interesse der Eltern enorm gestiegen, bilanziert die Leiterin stolz — heute sind sieben Mütter da. Sie backen und bereiten den nächsten Basar vor. „Klar mach ich da mit", lacht eine über ihrem Fleischwolf, durch den sie zusammen mit der dreijährigen Jenni gerade eine Ladung Spritzgebäckteig dreht. Dafür hat sie sich extra frei genommen.

Last but not least verweist Doris Tüngerthal auf die altersgemischten Gruppen und deren Bedeutung für das Lernen von den Großen. Etwa wie man Schuhe bindet oder ein Messer hält, offenbar aber auch die bereits beobachtete Rücksichtnahme, wie folgende Situation von Michell und ihrem kleinen Freund Tim zeigt: Die beiden sitzen auf einem Podest und blättern in ihren Bildermappen. Sie legt eines ihrer Bilder schnell zur Seite, „Krikelkrakel", lächelt sie. Er lacht. „Tim!", mahnt sie empört. „Das soll ein Mensch sein, da war ich doch noch klein", als er nicht aufhören will zu kichern, weist sie ihn leise zurecht: „Hey, lass das bitte, ich hab' mich über deins doch auch nicht totgelacht."

„Klar mach ich mit!"

Wissensaneignung ist ein sozialer Prozess – Interview mit der Bildungsforscherin Dr. Kristin Gisbert-Schuppan

Im Rahmen des Bundesprojekts „Neubestimmung von Bildungsqualität in Kindertageseinrichtungen" hat sich Kristin Gisbert-Schuppan, 43, mit dem Aspekt „lernmethodische Kompetenz" beschäftigt. Also, der Frage, wie Kinder das Lernen lernen können. Die Psychologin hat einen Sohn und drei Stieftöchter und lebt derzeit mit ihrer Familie in Boston, USA.

SM *Was bedeutet Lernen heute eigentlich?*

KG-S Für mich stehen beim Lernen zwei Aspekte im Vordergrund, die beide eng miteinander verknüpft sind. Das eine ist Lernen als sozialer, gemeinsam geschaffener Wissenszugewinn, das zweite Lernen als Sinnverstehen und Bedeutungskonstruktion. Der zweite Begriff meint, dass Lernen nur dann sinnvoll sein kann, wenn wirkliches Verstehen stattfindet und zwar gepaart mit der Motivation, verstehen zu wollen sowie Sinn zu erkennen. Doch so wird Lernen oft nicht verstanden. Wir neigen dazu, uns Lernen als individuellen Akt vorzustellen und überprüfen zu wollen, ob das zu Lernende auch im Kopf des Kindes angekommen ist. Das aber ist auswendig gelerntes, „träges Wissen", das für den Lernenden keine persönliche Relevanz hat und vor allem nicht zum Nachdenken und Problemlösen benutzt werden kann. Ich plädiere dagegen für eine soziale Auffassung des Lernens, in der Lernen als ein sozialer oder „ko-konstruktiver" Prozess der Sinnschöpfung angesehen wird.

SM *Können sie ein Beispiel dafür nennen?*

KG-S Stellen Sie sich ein Kindergartenkind vor, das aus einer Zeitschrift große Buchstaben ausschneidet und sie scheinbar wahllos auf einem Blatt aneinander klebt. Wenn die Erzieherin dann fragt, was das Kind tut, sagt es stolz, es habe eben Mama geschrieben. Wie gehe ich als Erzieherin nun damit um? Nach der herkömmlichen Vorgehensweise, in der Lernen als individueller Akt und als Wissenstransfer verstanden wird, würde die Erzieherin anfangen, die Buchstaben zu benennen und das Kind mehr oder weniger direkt auf seine Fehler hinweisen. Sie würde ihm vielleicht auch zeigen, wie die Buchstaben M und A aussehen.

Wird Lernen dagegen als sozialer Sinnverstehensprozess aufgefasst, würde die Erzieherin davon ausgehen, dass die Aktivität des Kindes einen Sinn hat. Sie würde erkennen, dass es bereits etwas Wesentliches verstanden hat, auch wenn kein sinnvolles Wort dabei herausgekommen ist: Nämlich, dass Wörter aus Buchstaben bestehen und dass sie etwas aussagen, wie etwa „Mama". Die Erzieherin könnte dann vielleicht fragen, ob das Kind einen Brief an seine Mama schreiben will.

SM *Inwiefern unterscheiden sich die beiden Beispiele für das Kind?*

KG-S Im ersten Beispiel wird die Aktivität des Kindes als fehlerhaft gedeutet, im zweiten dagegen als sinnvoll und es wird versucht, die Bedeutung zu verstehen. Daraus ergeben sich völlig unterschiedliche Interaktionen. Wenn das Kind etwa weiter begeistert Buchstaben aneinander klebt, beginnt es zu verstehen, dass Schriftsprache zur Kommunikation verwendet werden kann. Würden dem Kind demgegenüber die Buchstaben beigebracht, würde es sehr bald die Lust verlieren, denn die machen für das Kind in diesem Moment noch nicht wirklich Sinn. Also, die eine Situation würde eher eine Schließung des Lernprozesses bedeuten, die andere eine Eröffnung.

SM *Gilt das auch für die Grundschule?*

KG-S Sicher. Hier könnte als Beispiel der Sachkundeunterricht dienen. Etwa Biologie, wenn es um den Unterschied zwischen Fleisch- und Pflanzenfressern geht. Man kann natürlich sagen, dass die großen Raubkatzen reine Fleischfresser sind und die Kinder lernen das auswendig. Das wäre Wissenstransfer. Ein anderes Vorgehen wäre, den Kindern provokative Beispiele für das Gegenteil zu geben, um zu

gucken, wie weit denn das Konzept tatsächlich verstanden worden ist. Die Kinder könnten dann die Frage diskutieren, Was machen Geparden, wenn in einer Dürreperiode kein Wild mehr da ist, das sie jagen können? Ein Kind sagt vielleicht, dass die Geparden dann eben Pflanzen fressen müssen, und ein anderes könnte antworten, dass die das doch nicht mögen. Wieder ein anderes Kind kommt vielleicht darauf, dass sie bereits etwas gelernt hatten über das Gebiss von Raubkatzen und über den Verdauungstrakt und überlegt, wie das zusammenhing. So können sie sich tiefergehend in die Thematik einarbeiten. Das wäre ein Sinn-Konstruktionsprozess.

In solchen ko-konstruktiven Prozessen, in denen die Kinder miteinander diskutieren – in denen Lehrer eher Diskussionspartner sind, nicht Wissensüberbringer –, findet eine tiefere Art von Sinnverstehen und sozialer Aushandlung statt. Wissensaneignung wird zum sozialen Prozess, indem immer wieder gegenseitig Fragen gestellt und beantwortet werden, oder indem Thesen gemeinsam kritisch überprüft werden.

SM *Indem der andere eine Idee hat, die ich noch nicht hatte, lerne ich?*

KG-S Ja. Insbesondere in altersgemischten Gruppen. Wenn ein jüngeres Kind ein Fehlkonzept hat, können die etwas älteren Kinder oft leichter als Erwachsene verstehen, wie es denkt. Die herkömmliche Wissenstransferschule hat ein bestimmtes Leistungsziel im Auge und prüft, wie weit das Kind davon noch entfernt ist. Ältere Kinder versuchen eher zu verstehen, wie jüngere Kinder denken und helfen ihnen, Wissen zu konstruieren.

SM *Dann wäre es ja wünschenswert, auch in der Schule altersgemischte Gruppen zu haben.*

KG-S Es wäre etwas Besonderes, aber sicher sehr sinnvoll. In den USA gibt es viele Untersuchungen dazu, wie heterogene Gruppen zusammenarbeiten und es zeigt sich immer wieder, dass Kinder mit einem Wissensvorsprung anderen dadurch helfen, dass sie gut erklären können. Aber auch den Kindern, die diesen Wissensvorsprung haben, hilft es sehr. Indem sie ihr Wissen aus verschiedenen Perspektiven beleuchten, in Worte fassen und einem anderen erklären, haben sie einen weiteren Lern- und Verstehenszugewinn, denn so finden tiefer gehende Informationsverarbeitungsprozesse statt.

SM *Sie haben sich mit dem Modell kindlicher Entwicklung von Jean Piaget auseinandergesetzt, vor allem aber mit seinem Irrtum, das Denken von Kindern im Vorschulalter sei fehlerhaft, warum?*

KG-S Damit beschäftigen sich Entwicklungspsychologen schon sehr lange. Denn Piaget ist noch immer die größte Inspirationsquelle, die sie haben. Im Moment wird er sehr diskutiert, weil viele seiner Ansichten und seiner Untersuchungsergebnisse sich als nicht richtig erwiesen haben. Einer seiner größten Irrtümer war sicher die Annahme, dass es *bereichsübergreifende* Entwicklungsstufen gibt. Er sagte, ein Kind befinde sich kognitiv immer auf einer Stufe, egal in welchem Wissensbereich, sei es bei den Zahlenkonzepten oder in der moralischen Entwicklung. In der Zwischenzeit weiß man, dass das nicht stimmt, sondern dass es *bereichsspezifisches* Wissen gibt und dass diese Bereiche sich unabhängig voneinander entwickeln. Nur habe ich den Eindruck, dass dies in den Erzieher-Fachschulen in dieser Form noch nicht angekommen ist. Üblicherweise wird dort Entwicklungspsychologie mit Piaget gleichgesetzt. Und das greift einfach zu kurz. Es gibt viele entwicklungspsychologische Forschungsarbeiten, die Piaget entkräftet haben und das sind Erkenntnisse, von denen Erzieherinnen und auch Lehrer einfach wissen sollten.

SM *In Skandinavien ist die Erzieherinnenausbildung differenzierter. Sind die Skandinavier eigentlich besser im Lernen?*

KG-S Ich würde mich nicht nur auf die Skandinavier kaprizieren wollen, sondern schauen, welche Länder im internationalen Vergleich die erfolgreichen sind, nicht nur bei PISA. Man muss genauer hinschauen und die Unterschiede unter kulturellen Vorzeichen betrachten: In welcher Hinsicht sind sie besser? Zum Beispiel das japanische Mathematik-Curriculum. Wie Unterrichtsbeobachtungen gezeigt haben, werden in japanischen Schulen in den höheren Klassen häufig bei mathematischen Problemen verschiedene Lösungsansätze diskutiert und akzeptiert. Dort herrscht nicht die Vorstellung, es gäbe nur eine richtige Lösung, sondern es geht immer darum, die Problemstellung neu zu konstruieren und tiefer gehend zu verstehen. In Deutschland dagegen werden mathematische Probleme gar nicht diskutiert. In diesen Ländern, die überlegen sind, hat Lernen einen ganz anderen Stellenwert als bei uns. Vor allen Dingen ist es in eine Kultur des Lernens eingebettet. Vielleicht nicht unbedingt in eine, die wir begrüßenswert finden.

SM *Wie könnte eine Lernkultur aussehen, die zu deutschen Schulen passt?*

KG-S Da ließe sich durchaus von den Skandinaviern lernen. Als sie Bildungsdefizite erkannten, haben sie sofort gehandelt. Nach kurzer Zeit wurden Veränderungen umgesetzt, um dem zu begegnen und zwar vielfach unter dem Vorzeichen einer Lernkultur. Viele Schulen wurden so umgestaltet, dass man sich dort als Gemeinschaft von Lernenden verstehen kann und nicht als Konkurrenz- und Leistungsschule. Genau dafür plädiere ich: die Schule als Lerngemeinschaft aufzufassen, in der nicht der Wissenstransfer im Vordergrund steht, sondern die Ko-Konstruktion von Wissen, Sinn und Bedeutung.

In der Ruhe liegt die Kraft

*Wo Lernen mit Zuwendung beginnt: Die Freie Schule Marburg und
die Aktive Schule Frankfurt am Main stehen stellvertretend für Schulen,
die konsequent vom Kind ausgehen. Sie bauen und vertrauen auf seine Stärken,
seine Neugier. Was dabei herauskommt? Vielfalt.*

Alternative Schulen sind Exoten in der Schullandschaft. Eigentlich weiß kaum jemand, der nicht involviert ist, wie sie funktionieren. Da sie nicht auf planmäßiges Vorgehen im Lehrstoff setzen, nicht auf Hausaufgaben und Regelschuldidaktik, sondern auf das Eigeninteresse des Kindes, muss die lernmethodische Kompetenz der Lehrer, die hier Lernbegleiter heißen, besonders hoch sein. Die mit der größten Erfahrung haben uns zunächst besonders interessiert, deswegen besuchten wir die Freie Schule Marburg, die es

schon seit 20 Jahren gibt. Die Kinder dort werden jahrgangsübergreifend in zwei Gruppen unterrichtet — von Klasse 1 bis 3 und von Klasse 4 bis 6.

Erster Tagesordnungspunkt dort ist wie in jeder guten Basisdemokratie die von den Kindern selbst geleitete „Arbeitsbesprechung", danach folgt „Freiarbeit" — jeder macht, woran er besonderes Interesse hat. Und das ist keineswegs das Nichtstun. „Am liebsten rechne ich", die achtjährige Janis hat ein zerknittertes Heft vor sich liegen und addiert, multipliziert oder subtrahiert mit Zahlen aus dem Hunderterraum. Aufgaben wie 347 + 456 oder 821 – 213, allesamt selbst ausgedacht. Dafür hat das Mädchen ein „Maschinchen" zur Hand, das die Lernbegleiter selbst gebaut haben: Drei nebeneinander festmontierte, durchsichtige Filmdöschen, in jedem neun Perlen sowie ein Pappstreifen, der nicht ganz bis zum Deckel reicht. Unter der ersten Dose steht H wie Hunderter, dann Z wie Zehner und E wie Einer. Man muss nur schütteln, die Zahl der Perlen auf eine Seite der Pappe abzählen und aufschreiben. Wieder klackert es bei Janis. Und wenn die Seite voll ist? „Na, ich mache auf der nächsten Seite weiter — bis ich Kopfschmerzen bekomme, dann lese ich was."

Eine Prise Summerhill

Durchs Haus zieht Schülerladen-Atmosphäre, aber die frisch renovierten Klassenräume wirken gemütlich: bunte Vorhänge, Grünlilien, eine Sofaecke mit Teppich, ein Regal mit Ordnern und Materialien, ein Schrank mit Schubladen, auf denen Namenschildchen kleben, sowie wabenförmige Tische. Um halb elf gibt es gemeinsames Frühstück, anschließend steht heute Englisch auf dem Programm. Wer Lust hat, kann teilnehmen. Carlos, Malte und Florian sind nicht dabei, sie wollen gleich den Flur vermessen. So sieht selbstbestimmtes Lernen in der Freien Schule Marburg aus. Es gibt Schulranzen und Mäppchen, aber Schulnoten, Pausenklingel oder klassischen Unterricht — das gibt es hier nicht.

Stefanie Leichtenberger mit Helene und Pauline

Das pädagogische Konzept basiert auf dem Prinzip „demokratische Schule", deren wichtigsten Elemente Teilhabe und Selbstbestimmung sind. Im Mittelpunkt steht das „lernende Kind" und die dafür zu schaffende „vertrauensvolle Atmosphäre", grundiert von der Überzeugung, dass gute Beziehungen die Voraussetzung dafür sind. Im altersübergreifenden Unterricht können sich die Kinder gegenseitig Anregungen geben, was auch mit Gleichaltrigen funktioniert, die unterschiedliche Lernniveaus haben. Beispiel Helene und Pauline, beide in der dritten Klasse. Helene beherrscht die Schreibschrift und erfindet gerade eine Geschichte über gekidnappte Pferde und deren Besitzerinnen, denen das Geld fehlt, sie zurückzukaufen... Neben ihr sitzt Pauline an einer Meerschweinchengeschichte. Sie lernt gerade erst die Druckbuchstaben und der zweite Satz kostet sie jetzt schon fast eine halbe Stunde. Lernbegleiterin Stefanie Leichtenberger ist dennoch stolz: „Das macht sie heute zum ersten Mal und mit so viel Freude, super."

Solche Verzögerungen auszuhalten ist der größte Knackpunkt für die Eltern. Die Erwartungshaltungen sind enorm. Oma und Opa, Freunde und Nachbarn fragen: „Wie, euer Kind kann noch nicht lesen? Seid ihr sicher, dass das die richtige Schule ist?" Stefanie Leichtenberger erläutert: „Unsere Erfahrung ist, wenn sie im siebten Schuljahr auf die Regelschule wechseln, haben sie alles, was sie brauchen. Von den aufnehmenden Schulen hören wir, dass sie sehr sozialkompetent sind, sehr selbstständig, sehr entspannt und sich gut einschätzen können."

Bitte nicht einmischen

Szenenwechsel: Aktive Schule Frankfurt. Im „Kreativraum" sind gerade mehrere Gruppen von Kindern. Drei Mädchen wollen Parfum herstellen, zwei andere, die sich später in den „Ruheraum" zurückziehen, schreiben an einer „Quatsch-Zeitung" und sechs Jungen führen ein Projekt fort, das schon seit Wochen diesen Raum bestimmt, das Bauen von Pappschachtel-Modellen: Häuser, ein Boot, sogar ein Fußballplatz en miniature zieren die Fensterbankausstellung. Auch eine Mutter ist anwesend, denn die Aktive Schule fordert Eltern zur Hospitation auf. Einzige Maßgabe: sich nicht in die Kinderarbeit einmischen.

Neugründer von Freien Schulen wenden sich allesamt ausdrücklich gegen eine gängelnde oder „direktive" Erziehung. So auch das Team der vier Jahre alten Aktiven Schule. Großes pädagogisches Vorbild sind Rebeca und Mauricio Wild sowie Maria Montessori. Während in Marburg Arbeitsblätter in Ordnern stecken, Hefte in den Ranzen und die Anlauttabelle an der Wand, gibt es in der Aktiven Schule Frankfurt Material, Material, Material. Thematisch ausgestattete Räume ermöglichen bestimmte Tätigkeiten, darunter ein Kreativ-, ein Theater- oder Ruheraum. Letzterer müsste eigentlich Wissensraum heißen, wegen all der Bücher, Buchstaben und Zahlen aus Holz oder dem anderem Material, dem Anatomiemodell, den Mathematik-Perlen von Maria Montessori, Himmelskörpern und tausenderlei Dingen mehr. „Vorbereitete Umgebung" heißt diese Art, Anstöße zu geben.

Während die Mädchen jetzt Pflanzenteile zerstampfen und ein geöffneter Parfumflakon durchdringend süßen Geruch freigibt, brüten zwei Jungen über der Inneneinrichtung ihrer Pappmodellhäuser. Von diesen Aktivitäten ungerührt sitzt Moritz, ein Achtjähriger, an der Schreibmaschine. Die Hochstelltaste im Dauereinsatz schreibt er konzentriert Buchstaben um Buchstaben auf das eingespannte Blatt, und kontrapunktiert mit seinem Gehacke unbewusst die Gespräche im Raum. Lernbegleiter Stefan Teupke, immer ein Klemmbrett für Notizen unterm Arm, bleibt kurz stehen, schaut ihm über die Schulter und geht dann weiter zu den Architekten. Die bitten gleich um Nachschub an Klebeetiketten, die sie bei ihrer Arbeit als das Verbindungsmittel schlechthin nutzen. Um die Jungen herum stapeln sich Baustoffe in allen Variationen. In den Regalen sind Eierkartons aufeinandergeschichtet, liegen Folien oder Wellpappe, Pappschachteln in allen Größen, Filz- und Teppichstreifen, Pfeifenreiniger — kurz, alles, was sich irgend verbauen lässt.

Müssen? – Wollen!

Das soll Schule sein? Wo sind denn die Lehrerinnen, die vor der Klasse stehen und klare Ansagen formulieren wie „Jetzt machen wir ... Mathe, Musik, Lesen?" Hier heißen sie Lernbegleiter und üben Zurückhaltung. Sie hocken, knien oder sitzen mit ihren Schülern auf Augenhöhe. Der Ablauf lässt sich für Regelschulgewohnte kaum einordnen. Keine Schulranzen, keine Klingel, kein Stundenplan und keine Noten. Nur ein paar Mäppchen und Ordner deuten drauf hin, dass hier Schule stattfindet. Oder? Ein Mann im Anzug schlenzt durch die Räume und sagt im Vorübergehen, „Gleich gibt's Italienisch, wer Lust hat ..." Ah! Endlich wird gelernt. Aber wo bleiben die Schüler? Ein Mädchen ist bereit, mit ihr spielt jetzt der Signore, Vater eines Schulkindes hier, Koffer packen auf italienisch:

„Was kommt alles in den Koffer? Una balla, una tastatura, un calendario ..." Kein weiteres Kind zeigt Interesse und so bleibt es bei diesem Zweierteam.

Als Besucher fragt man sich schon, ob das wirklich Lernen ist. Woher wissen denn die Kinder, was sie alles lernen müssen? Susanna Noack lacht: „Eigentlich wissen sie immer, was sie tun wollen und wir verstehen unseren Part wirklich als Begleitung, weil wir davon ausgehen, dass sie nur dann lernen, wenn sie selbst gewählte Aufgaben und Ziele verfolgen." Natürlich kennt sie solche Fragen. Die Eltern fragen, das staatliche Schulamt fragt und auch die Lernbegleiter wollen sicher sein, dass es sich um kein gut gemeintes, aber falsch gedachtes Experiment mit Kindern handelt, sondern um einen gangbaren Lernweg, der Horizonte öffnet. Für die Frankfurter steht die Persönlichkeits-

Koffer packen im Ruheraum

entwicklung ganz oben auf der Agenda. Sie setzen auf entspanntes Lernen. Zum Glück haben sie Zeit dafür, denn die Genehmigung reicht bis Klasse zehn.

Dennoch geben die Beteiligten zu, dass es manchmal schwerfällt, die Geduld dafür aufzubringen, abzuwarten, bis die Kinder selbst bereit sind, etwas zu tun. Die Lernbegleiterin erzählt vom Anfang: „Da hatten wir das ganze schöne Material in den Regalen und keiner holte es raus. Wir dachten, wir müssten es einfach mal vorführen, damit sie es kennen lernen. Und Schwupps, waren alle verschwunden." Die Mutter zweier Schulkinder dieser Schule lacht in sich hinein. Sie denkt zum Beispiel an die Montessori-Würfel und -Perlenketten, die nach Zahlenschritten farblich aufeinander abgestimmt sind, und mit denen man sehr gut rechnen kann. Doch das Vorzeigen ohne Ziel machte für die Kinder einfach keinen Sinn. Später nutzte die Pädagogin das Material, um eine Abrechnung im Rahmen der Schulbuchhaltung zu machen. Sie saß damit inmitten der Kinder und führte nicht etwas vor, sondern arbeitete – es dauerte nicht lange und mehrere schauten interessiert dabei zu.

Siehst du sie?

Da diese Pädagogik auf den eigenen Antrieb setzt, räumt sie dem Spiel als Lernform einen hohen Stellenwert ein und ebenso den Gesprächen, die Kinder untereinander führen. Die Nachwuchsarchitekten demonstrieren es ganz unbewusst: Alec und Justus, zwei Achtjährige tauschen sich über die Innenarchitektur ihrer Häuser aus. Wo soll das Bad sein, die Küche, der Arbeitsraum? – „Du wolltest doch gar keinen." – „Doch, jetzt schon." Alec nimmt Lineal und Bleistift und misst für die Innenwand ein Stück Pappe ab. Justus zeichnet den Grundriss auf seine Schachtel und unterhält sich mit Alec über den Film zum Untergang der Titanic. Plötzlich meint Justus: „Morgen bring' ich mal Büroklammern mit, damit wir neue Männchen machen können. Unsere alten sind wohl abhanden gekommen."

Die beiden anderen am Tisch, sechs und sieben Jahre alt, sind derweil mit dem Bau eines Schiffes beschäftigt und verständigen sich darüber, wie es weiter gehen soll: „Und da grenzt es so an, dass hier eine Treppe ist und da auch eine." Eine halbe Stunde später sind dort tatsächlich die erwähnten Treppen. Das Schiff steht auf dem Boden, die Jungen sind völlig im Spiel versunken: „Da unten ist der Heizungskeller" sagt Robin zu Philip, der in den Schiffsrumpf hineinspäht. „Sieht man die Techniker?", fragt Robin. Der andere kneift die Augen zusammen und bestätigt nach einer Weile: „Ja, ich sehe sie." Sein Bruder Alec klinkt sich ein und gibt zu bedenken, dass Heizungstechniker auf einem Schiff wohl nicht so gefragt wären, es müssten doch eher Motortechniker sein. Stefan Teupke notiert alles mit: Stimmungen, Gespräche und welche Kinder was tun. Die Auswertung der Beobachtungen erfolgt ganz systematisch am PC. Später kommen diese Lerngeschichten zusammen mit Fotos, gesammelten Bildern oder Arbeitsergebnissen in das jeweilige Portfolio für jedes Kind.

Schule nach Maß

Gefragt, was sie an ihrer Arbeit besonders schätzen, lautet die Antwort an beiden Schulen: die Nähe zu den Kindern und das beglückende Gefühl, Schlüsselsituationen mitzuerleben, in denen man merke, dass ein Knoten geplatzt ist. Dennoch sind sie grundverschieden — wie Regelschulen untereinander auch. Stefanie Leichtenberger erzählt, wie sie sich vor ein paar Jahren neue Ideen für die Arbeit suchte und beim jährlichen Bundestreffen der Freien Schulen auf andere traf, denen es ebenso ging: „Schulen, die strukturiert arbeiteten, wollten künftig mehr Freiheit einbauen, während andere sagten, ‚Nein, mit der großen Freiheit haben wir so schlechte Erfahrungen gemacht, wir machen das jetzt viel strukturierter …‘ Ich habe aus diesem Gespräch mitgenommen, dass es nicht den einen, richtigen Weg gibt. Man muss seinen eigenen finden und der muss einfach zum Haus passen.“ Das wiederum eint alle Schulen.

Das Argument, in alternativen Schulen werde zu viel Zeit vergeudet, zieht jedenfalls nicht. Es ist tatsächlich eine Frage der Definition: Was heißt Lernen? Es geht ja nicht um „Fakten ansammeln“, wie es oft in der Regelschule geschieht, sondern um die Fähigkeit, Probleme lösen zu können. Jede Schule muss in der Vermittlung dieser Kompetenz ihren Weg finden, und der muss zuallererst zu den Kindern passen.

Raum für Vielfalt

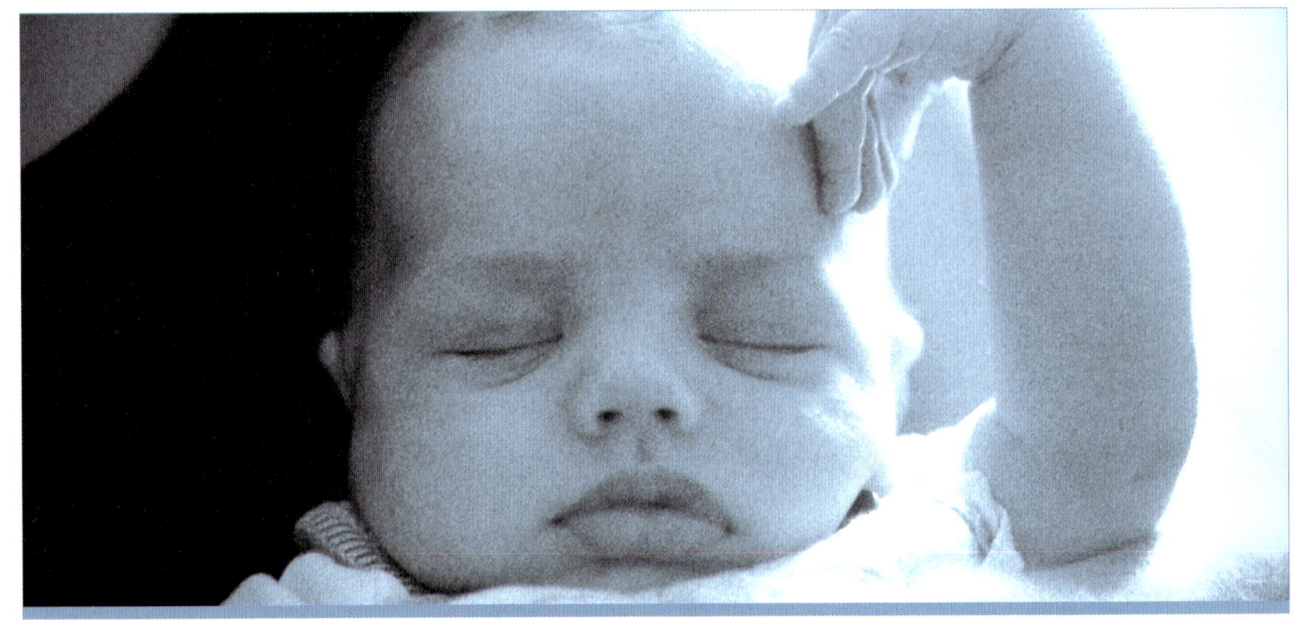

Hintergrund: Synästhesie – Multimedia der Sinne

*Babys sind Sinnesartisten, sie können Bilder hören oder riechen.
Für sie kann der gehörte Buchstabe „A" rot sein, ein Bild laut oder Schmerz gelb.
Nicht lange, dann trennen sich die Sinneswege. Möglicherweise haben
sogar Erwachsene noch die Fähigkeit zur „Synästhesie" oder
Sinnesmischung, allerdings dringt sie nur bei wenigen ins Bewusstsein.*

„Geißblatt riecht wie eine Schüssel mit gezacktem Rand, innen golden und nach außen hin rötlich heller werdend" – Christine Söffing ist Synästhetikerin. Wenn sie von ihren inneren Bildern erzählt, die sie bei Gerüchen oder Musik wahrnimmt, ist das kaum nachvollziehbar, zumindest nicht für jemanden, der selbst keine Sinnesmischungen oder Synästhesien kennt. „Das kann man ändern", glaubt die Kunsthistorikerin. Ihre Diplomarbeit handelt davon, wie bestimmte Fra-

gestellungen die Sinne anregen können. Sie nennt es „Synästhesien wecken" und gibt entsprechende Kurse für Kinder und Erwachsene. Dabei wird den Teilnehmern vor allem deutlich, wie unterschiedlich jeder Einzelne empfindet. An diesem Wochenende sind elf Kinder zwischen sieben und zwölf Jahren für die „verrückte Künstlerwerkstatt" angemeldet. Neben Malen stehen Riechen, Schmecken und Hören auf dem Übungsprogramm: „Jetzt macht mal alle die Augen zu und hört genau hin." Die Künstlerin spielt verschiedene Instrumente vor und fragt danach: „Wo hast du das gespürt? Wie hat sich das angefühlt? Welche Farbe hatte das?" Als letztes schüttelt sie eine Kürbisrassel. Nach dem Verklingen der Töne greifen die Kinder zu den Pinseln und rühren in der Farbe.

Der achtjährige Oliver malt eine Klapperschlange, der zwölfjährige Tom eine „innere Kraft, die man nicht sehen kann" und die elfjährige Sahra „ganz verschiedene Sachen", die es vom Himmel regnet. Nach einer Pause diskutieren alle intensiv über Bilder und Wahrnehmungen. Zwei Arten von Bildern sind entstanden: assoziative, so wie Olivers Klapperschlange, und reine Farbkreationen. „Wie bist du denn darauf gekommen?", Christine Söffing zeigt auf Lisas Bild. Die Elfjährige hat den Ton der Flöte als zwei nebeneinander verlaufende Linien gemalt, eine rot, die andere rosa, unterbrochen werden beide von einem kurzen gelben Querstrich. Ein Synästhesie-Bild, doch Lisa sagt, sie habe das nicht „gesehen", sich nur vorgestellt. Für Kinder sind Synästhesieübungen kein Problem, Erwachsene seien da zurückhaltender, erzählt die Vierundvierzigjährige, die wie viele Synästhetiker ihre Gabe zum Beruf gemacht hat. In jedem Kurs aber gebe es ein oder zwei, die plötzlich fragten: „Ich habe farbige Schmerzen gehabt — ist das auch eine Synästhesie?" oder: „Für mich sind Wochentage farbig, das ist mir gar nicht so aufgefallen — hat das denn nicht jeder?"

Alle Sinne beisammen?

Nicht jeder, aber einer von 300, schätzen die Forscher der Medizinischen Hochschule Hannover, und zu 85 Prozent Frauen. Normalerweise werden Bewegungs- und Wahrnehmungsabläufe über das Gehirn gesteuert wie im folgenden Beispiel: Wenn Sie eine Kaffeetasse sehen, erkennen Sie sofort, was das ist, und dass Sie so etwas schon einmal gesehen haben. Sie wissen, wie sich eine Tasse anfühlt, dass sich Flüssigkeit darin befindet, die möglicherweise zu heiß zum Trinken ist und deshalb durch Pusten gekühlt werden muss. Dies ist eine fundamentale Integrationsleistung des Gehirns, das gleichzeitig noch dafür sorgt, dass der trinkende Mensch nicht aus dem Gleichgewicht gerät und etwa vom Stuhl fällt. *Binding* nennen Wissenschaftler die Fähigkeit des Gehirns, die vielen eingehenden Reize so zu verkoppeln, dass ein einheitliches Ganzes entsteht.

Bei Synästhetikern dagegen ist das Gehirn zu einem *Hyperbinding* in der Lage, das heißt, es verfügt über weit mehr Kopplungen als üblich: Bei ihnen wird eine Wahrnehmungsqualität immer noch von einer oder mehreren anderen begleitet. Forscher kommen auf bis zu 30 Sinnespaarungen. Von wegen sieben Sinne … Synästhesie ist zwar schon lange bekannt, doch erst seit kurzem ist sie „wissenschaftsfähig". Indem die Techniker der Hirnforschung immer feinere und genauere bildgebende Verfahren entwickelten, befreiten sie das Phänomen nach 300 Jahren endlich vom Ruch der neurotischen Einbildung. Immer genauer lassen sich die Sinnespunkte orten, die gleichzeitig erregt werden. Unstrittig ist mittlerweile, dass bei Menschen, die Musik farbig hören, sowohl das Sehzentrum wie auch Bereiche der Hörrinde aktiv sind. Ein neuer Pioniergeist treibt die Forschung geradezu elektrisierend auf diesem Neuland voran.

Wie entsteht Bewusstsein?

Hinderk Emrich, der Leiter der Hannoveraner klinischen Psychiatrie, beschäftigt sich bereits seit über zehn Jahren mit der ungewöhnlichen Verkopplung der Sinne, die in unterschiedlichsten Variationen auftritt. Am bekanntesten und häufigsten ist das Farbenhören. Die Betreffenden sehen dabei wie auf einem inneren Monitor farbige Formen oder Bilder vorbeistrudeln, während sie Worte oder Musik hören. Die Beschreibungen dieser Phänomene sind sehr individuell und ähneln einander nur bei einzelnen Buchstaben oder Worten, denn jeder Synästhetiker erlebt sein eigenes Multimedia. Wenn Christine Söffing etwa die Rassel hört, sieht sie Folgendes: „Eine Zickzacklinie aus plexiorange, darüber hohle Glaskugeln in unterschiedlichen Größen — die scheinen hoch und runter zu fliegen wie Seifenblasen." Die Farbenhörerin ist eine von 150 Synästhetikern, die sich Emrichs Forscherteam für Untersuchungen zur Verfügung stellen. Die Wissenschaftler würden gern einen Puzzlestein für das zentrale Rätsel finden, das die Neurologen schon lange umtreibt: Wie entsteht Bewusstsein?

Noch immer ist weitgehend ungelöst, was so selbstverständlich scheint, dass etwa die Wahrnehmung eines ballspielenden Kindes im Nu ein Ganzes ergibt und nicht erst peu à peu zusammen gefügt werden muss: Ein Mensch, der ein Kind ist, das sich auf etwas Rundes, Blaues zubewegt — einen Ball ... Es ist deshalb so spannend, weil die Informationen, aus denen sich dieses Bild zusammensetzt, in ganz unterschiedlichen Bereichen des Gehirns gespeichert sind. Wie

tauschen sich die beteiligten Hirnzellen so schnell aus, um jene Gleichzeitigkeit der Wahrnehmung zu schaffen? Es muss eine Art Schnell-Rückkopplung, fachenglisch *Binding*, im Gehirn geben. Da Synästhetiker über das so genannte *Hyperbinding* verfügen, hoffen Wissenschaftler weltweit, durch sie diesem Gleichzeitigkeitsnetzwerk auf die Spur zu kommen. Die führenden Experten auf diesem Gebiet sind, neben Hinderk Emrich, der US-amerikanische Hirnforscher Richard E. Cytowic, der englische Psychologe Simon Baron-Cohen sowie ein australisches Neurologenteam um Jason B. Mattingley. Die Australier haben den aktuellen Wissensstand in einem Sonderheft des Neuro-Magazins „Cortex" unter dem Titel „Cognitive Neuroscience Perspectives on Synaesthesia" zusammengetragen. Faszinierend an der interdisziplinären Zusammenarbeit sind die verschiedenen Ansätze, mit denen sich die beteiligten Neurobiologen, -psychologen oder -philosophen der Ursache von Synästhesie nähern.

Simon Baron-Cohen sucht auf dem X-Chromosom nach einem „Synästhesie-Gen", familiäre Häufungen deuten darauf hin. Möglich wäre auch, dass bei Synästhetikern Nervenverbindungen aus der Neugeborenenperiode erhalten geblieben sind. Studien der kanadischen Psychologin Daphne Maurer zeigen, dass Babys Reize nicht rein über Gehör, Tastsinn oder Sehen wahrnehmen, sondern als ein Gemisch aus „Energien", also synästhetisch. Mit etwa drei Lebensmonaten verschwinden jene neuronalen Verbindungen, danach werden verschiedene Reize auch verschieden wahrgenommen. Richard E. Cytowic vertritt dagegen die spannende These, von der auch Christine Söffing überzeugt ist: Jeder Mensch verfüge über die latente Fähigkeit zur Synästhesie, sie dringe jedoch nur bei wenigen ins Bewusstsein. Er entdeckte bereits in den 1980er Jahren die Beteiligung des emotionalen oder „limbischen Systems" an Synästhesien. Das liegt insofern nahe, da bei Wahrnehmungen — und das gilt nicht nur für Synästhetiker — immer auch ein Gefühlston mitläuft.

Wahrnehmen heißt Fühlen

Der Ansatz, den Sitz unserer Gefühle, das limbische System, als Schlüssel des *Binding* aufzufassen, ließe sich durchaus mit den anderen Theorien vereinbaren. Denn das menschliche Gehirn ist keineswegs ein passiver Datenverarbeitungsroboter. Nach Cytowic konstruiert es aktiv „seine eigene Wirklichkeit, indem es Anreize sucht, die es dabei verwenden kann". Ermöglicht wird dies durch das so genannte „Zensor"-Prinzip, das zum limbischen System gehört. Es gleicht eingehende Informationen mit bereits vorhandenen ab und prüft die Plausibilität. Kein Wunder, dass die Wissenschaftler dies so brennend interessiert, denn an dieser Stelle entsteht „Wahrheit" — und zwar als ganz subjektive, eigene Konstruktion. Wie subjektiv diese Wahrheit ausfällt, erfährt man zuweilen in Streitgesprächen, ist jedoch kaum jemandem bewusst. Synästhetiker dagegen erleben oft schon als Kinder ein starkes Gefühl des Andersseins und der Einsamkeit — nur wenige verstehen ihre Erlebnisse.

Das gilt natürlich auch für die Forschung, die dies als „Qualia"-Problem bezeichnet. Wir können uns einfach nicht vorstellen, wenn manche schildern, „links zu fühlen, blau zu schmecken oder während des Musikhörens vielfältige Farbkompositionen zu sehen", sagt Markus Zedler, Mitarbeiter von Emrichs Forschergruppe und Oberarzt an der Psychiatrie der Medizinischen Hochschule in Hannover. Er wird oft gefragt, ob Synästhetiker mit ihren Mehrfachempfindungen nicht überfordert sind. „Keineswegs", lächelt er und gibt seine Faszination für diese „Lebensform" weiter: Betroffene würden trotz jener gefühlten Einsamkeit nicht nur selten depressiv, sondern „bewältigen sogar harte Schicksalsschläge erstaunlich gut". Hiervon etwas lernen zu können, ist die Hoffnung des Oberarztes. Er denkt an Patienten, „die so verletzlich sind, dass sie mit ganz normalen Schicksalen nicht zurecht kommen". Die Befragungen der Synästhetiker hätten ungewöhnlich ausgeglichene Persönlichkeitsbilder ergeben. Sie seien „wenig kränkbar, angstfrei und sehr zufrieden mit dem, was sie erreicht haben". Immer wieder höre Zedler Sätze wie „Ich brauche keinen Fernseher, bei mir ist genug los." Auch Christine Söffing gehört zu jenen, die sehr ausgeglichen sind und sie versucht, ihren Kursteilnehmern etwas davon für den Alltag mitzugeben: „Wer sich die eigene Wahrnehmungskraft bewusst macht, kann sie als inneres, beruhigendes Potenzial nutzen."

Übergänge

Übergänge –
Mut zur Kooperation

Der Übergang vom Kindergarten in die Schule stellt noch immer oft eine Zäsur für die ganze Familie dar — im besten Fall ein spannender Aufbruch zu neuen Horizonten, im schlimmsten Fall reiner Stress. Während in den Kindergärten der Schwerpunkt der Erziehung auf Selbstbestimmung und Autonomie liegt, geht es an der Schule um Unterordnung und Disziplin. Plötzlich *muss* man alles machen, still sitzen, pünktlich und ordentlich sein. Erst die Arbeit, dann das Spiel — eine christlich-abendländische Maxime. Das Spielen winkt nur noch denen als Belohnung, die schnell fertig sind. Dabei bräuchten es doch gerade die langsamen, um vorwärts zu kommen. Allerdings ist mancherorts ein Umdenken zu beobachten. Wo der Leistungsdruck nicht überhand nimmt, wächst die Zusammenarbeit von Kindergarten und Schule.

Schon vor 35 Jahren forderte die Frühpädagogik, Kindergarten und Grundschule zusammenzulegen. Doch dazu mag man sich bis heute einfach nicht entschließen. Geändert hat sich immerhin, dass der Kindergarten längst nicht mehr nur als „Aufbewahrungsort", sondern als erste Bildungsstätte gilt. Auch die Eltern fordern heute Qualität in der frühen Bildung ein. Geändert hat sich in dieser Zeit auch die Grundschule. Von beiden Institutionen kann man behaupten, dass sie die innovativsten im Land sind. Reformpädagogische Ansätze verschiedenster Ausprägung werden nicht in der Sekundarstufe und schon gar nicht im Gymnasium getestet, sondern in Kindergärten und an Grundschulen. Dass man ausgerechnet diesen Pädagogen vorwirft, Spaß- oder Kuschelpädagogik zu betreiben, bestärkt die anderen offenbar noch darin, im Althergebrachten zu verharren. Es mag auch die Angst sein, jemand anderen zuschauen zulassen, sich auseinander zu setzen — mit sich selbst, den anderen, der Pädagogik.

Zugegeben, Kooperation ist spannend und nicht immer einfach. Um ein Beispiel gelungener Zusammenarbeit zwischen den zwei Institutionen zu zeigen, die tatsächlich von beiden Seiten ausgeht, haben wir uns in der Kerschensteiner Grundschule und der Kindertagesstätte „Das kleine Meer" in Worms-Horcheim umgesehen und mit den Beteiligten gesprochen. Die Kita „Das kleine Meer" ist eine von vier Kindertagesstätten des Schuleinzugsgebiets und liegt praktischerweise direkt auf dem Schulgelände. Vor fünf Jahren haben sich die beiden Leitungen die Hand gereicht und beschlossen, zu kooperieren, damit die Kinder es leichter haben. Mittlerweile wurden sie für ihre beispielhafte Arbeit ausgezeichnet, halten Vorträge über die Möglichkeiten der Kooperation und haben bei der Gründung von Regionalgruppen Pate gestanden.

Bloß nicht mauern

Vor fünf Jahren starteten die Kindertagesstätte „Das Kleine Meer" und die Kerschensteiner Grundschule in Worms-Horchheim eine beispielhafte Kooperation.
Für beide Seiten gilt es seither, Reibungspunkte auszuhalten, Hürden zu überwinden und umzudenken. Das Ziel war Motivation zugleich: Kindern den Übergang zu erleichtern.

„Guten Morgen! Können die Theaterkinder mitkommen?" Carmen Uhrig, Leiterin der Kindertagesstätte „Das kleine Meer", hat die Klassentür zur 1a geöffnet und nickt der Lehrerin Britta Gröpl zu. Klar geht das. Britta Gröpl ist die „Kooperationsbeauftragte" der Grundschule und weiß, dass heute ein Sonderprogramm stattfindet. Erzieherin und Lehrerin gewähren gern den Einblick, denn die gemeinsame Arbeit bedeutet allen Beteiligten viel. Wer hier hospitieren will, sehen will, wie in Horchheim der Übergang zwischen Kita und Grundschule umgesetzt wird, darf in den Alltag hineinschnuppern. „Ich dachte, ich zeig ihnen einfach alles", meint Carmen Uhrig einladend und eilt nun mit uns und der um sieben Kinder angewachsenen Gruppe zum Musikraum.

Die Kindergartenkinder sind zum dritten Mal hier. Die fünfjährige Sophie schnuppert hörbar und sagt: „Hier riecht es anders." Anders als im Kindergarten. Gespannt setzen sich die Fünf- bis Siebenjährigen,

Kooperationen: Theater-AG

die man vom Alter her kaum auseinander halten kann, an die Bänke, Lisa und Pauline dürfen schon mal die Musikinstrumente holen. Die Praktikantin des Kindergartens fragt die Kinder: „Wisst ihr noch, was jetzt kommt?" Schon recken sich die Finger: „Der Regentropfen, der eine Schneeflocke sein wollte!" So heißt das Theaterstück, das später aufgeführt werden soll. Auf ein Zeichen von Carmen Uhrig verteilen sich die Kinder im Raum und das Stück beginnt. Drei pusten von rechts aus vollen Backen, wenn im Text der Wind die Wolken vorantreibt. Vorne in der Mitte steht Regentropfen Sabrina und bedauert mit hängenden Schultern, keine Schneeflocke zu sein. Vier weitere Kinder stehen mit vorn an der Tafel, die anderen Regentropfen in der Wolke. Vor ihnen an den Bänken untermalt das „Orchester" die kleinen Szenen mit verschiedenen Schlaginstrumenten. Tim, Laura und Jan mit Tamburinen, Lisa mit einzelnen Xylophon-Bausteinen und Sophie mit Klanghölzern. Ihre Einsätze sitzen, die darauffolgenden Sätze der „Schauspieler" bis auf

ein paar Ausnahmen ebenso. Und das nach erst zwei Stunden. Selbstbewusst stehen die Kinder vorn und spielen ihre kleinen Parts mit Hingabe.

Musik gehört neben Sprachförderung, mathematischer Früherziehung und Bewegung ganz bewusst zur Palette der Kooperationsbereiche, damit die Frühförderung nicht zu einseitig ausfällt. Schulleiter Ernst-Josef Bonnkirch betont: „Wir wollen ja nicht nur auf der kognitiven Schiene arbeiten!" Deswegen hat er auch eine Zusammenarbeit mit der Jugendmusikschule initiiert. Einmal in der Woche kommen morgens um halb neun Musiklehrer und Kindergartenkinder zur Musikstunde. „Da sind sie noch aufnahmefähig", zwinkert Bonnkirch. Danach gehen sie dann in den Kindergarten.

Schule ohne Angst

Aber auch gemeinsames Spielen bereichert die Förderung. Deswegen heißt die nächste Station Betreuungsraum. Kaum ist er aufgeschlossen, werfen die Kinder die Jacken ab, besetzen ihre Lieblingsecken und sind schon ins Spielen vertieft. „Hey, wie lang ist denn ein Schritt?" Max hat die Schuhe ausgezogen. Abwechselnd testen Mädchen und Jungen dieser kleinen Gruppe auf dem vorgezeichneten Maßpapier, wer mit seinen Beinen den längsten Schritt machen kann ohne umzufallen. Ein paar Meter weiter hört man metallisches Geklimper und rhythmisches Rumpeln. Eine Kasse mit Geld aus Kronkorken. Auch die Bauecke ist belagert und in der Leseecke wird gepuzzelt. Danach will Carmen Uhrig den Kindern den neuen Schminkraum in der Kita zeigen. Auf dem Weg dahin bleibt sie vor einer Wand stehen. Die Kooperationsexpertin klopft dagegen und erzählt: „Hier war früher eine Tür. Da könnten wir jetzt direkt in den Kindergarten gehen." Die Räume gehörten früher zur Schule und als ein Kindergarten daraus wurde, meinte man die die Tür zumauern zu müssen. „Nicht zu glauben oder?" Bei der nächsten Renovierung soll die Mauer weichen.

Schule, soviel steht fest, flößt den Kleinen keine Angst ein. Sie kennen Wege und Räume, flitzen über den Pausenhof, auch über den der benachbarten Hauptschule, ohne auch nur mit der Wimper zu zucken. „Das war früher nicht so", bestätigt die Kita-Leiterin den Eindruck. Heute dagegen ließen sich die Kindergartenkinder nicht mehr einschüchtern. „Wenn sie Ärger auf dem Pausenhof haben, diskutieren sie mit den Großen und fühlen sich genauso im Recht wie in der Kita." Stolz schwingt in ihrer Stimme. Sie sei die erste von vier angesprochenen Kindergartenleitungen gewesen, die sofort offen für eine Kooperation war, berichtet der Schulleiter. Daher sind die beiden auch am weitesten

in der Zusammenarbeit. Kooperation ist seit fünf Jahren ihr Hauptthema.

Spannungen aushalten

Die Vorurteile ihrer Kollegen kennen sie in der Zwischenzeit aus dem Effeff: „Ich lass mich doch nicht verschulen! Was wollen die denn bei uns? Den Lehrer raushängen lassen?" Die Kindergartenleiterin setzt eine vorwurfsvoll-grimmige Miene auf. Der Kollege von der Schule kontert mit herablassender Miene und auf gut pfälzisch „Ja könne die dene Kinner net mal was Vernünftiges beibringe? Sitzen die nur die Zeit ab, lassen die Kinder im Sand spielen und gucken zu?" Beide lachen. Wissen aus Erfahrung, wie es befreit, so was mal rauslassen zu dürfen. Die Unterschiede zwischen den Professionen sind nun mal groß: Ausbildung, Bezahlung, Arbeitszeiten… Bonnkirch rät: „Hochkochen lassen, bloß nicht unter den Teppich

Spielräume – Lernräume

Verschult wird nicht

kehren. Man muss diese Spannungen aushalten können. Wir sagen dann immer: Stopp mal, es geht um die Kinder!"

Ein Übergang also, der im Fall von Kooperation zuallererst von den Erwachsenen bewältigt werden muss. Diese Zeit muss man sich nehmen, sonst braucht man mit den Inhalten erst gar nicht anzufangen. Bei der Verzahnung von Bildungsinhalten liegt nämlich die nächste Hürde. Auf Kindergartenseite schwelt die berechtigte Angst vor der Erwartungshaltung mancher Lehrer, die Erzieherinnen sollten der Schule zuarbeiten. Auch die Horchheimer müssen immer wieder aushandeln, was möglich ist und was nicht, etwa bei der Forderung nach „planmäßiger, systematischer" Förderung. Carmen Uhrig zieht vorsichtig die Bremse: „Ich hab' keinen Unterricht! Ich habe 24 Kinder um mich herum und muss mich gleichzeitig um alle kümmern. Das ist ein ganz anderer Alltag, und wenn ich dann noch etwas systematisch machen soll, muss ich ihn anders organisieren. Deshalb sträuben sich viele

Erzieherinnen auch dagegen. Sie sagen, das bringt mein Konzept durcheinander." Dieser Hinweis bedeutet aber nicht, dass die Kita-Leiterin nicht bereit wäre, umzudenken.

Beispiel Kindergartengruppen: Sie wurden in Stammgruppen eingeteilt, die seitdem für bestimmte Projekte, Aktionen und in ihren Stammräumen altersgetrennt sind. Ziel ist, die Größeren besser auf die Schule vorbereiten zu können. Die Jüngeren haben gemütliche und bunte Räume, die etwa mit Podesten, Kuscheltieren oder von der Decke hängenden Stoffen eingerichtet sind. Der Raum der Großen wirkt dagegen eher karg. An der Wand hängt neben den Bildern die Anlauttabelle, es gibt Schulbänke und im Regal stehen nicht nur Bilderbücher, sondern auch Materialien zur sprachlichen und mathematischen Frühförderung. „Die Puppenecke haben wir herausgenommen, statt dessen war die letzten Monate eine ‚Postecke' mit Schreibmaschine und Ähnlichem eingerichtet", erzählt Carmen Uhrig. Die Trennung der Altersgruppen ist heutzutage eher ungewöhnlich, deshalb werde bei Tagungen auch oft gefragt: „Und wo bleibt die soziale Erziehung?" Sie lächelt und erklärt das Prinzip ihrer Umstrukturierung: „Die Gruppen sind nicht immer getrennt. Ab zehn Uhr teilt sich das ganze Personal im Haus auf. Eine Kollegin ist in der Turnhalle, eine in den Gruppenräumen, eine draußen im Flurbereich, eine im Garten. Die Kinder können selbst entscheiden, wo sie spielen möchten. Und da sind sie auch altergemischt."

Natürlich dürfen auch die Ängste der Eltern bei der Kooperation nicht vergessen werden und die Devise lautet: „Mit ins Boot holen!" Im Kindergarten gibt es Elternabende, bei denen Eltern das Material für mathematische Früherziehung vorfinden und aufgefordert werden, damit zu spielen. Es dauere nicht lange und sie seien vertieft. „Dann sagen wir, sehen Sie, Ihr Kind macht das genau so gern", so verscheucht Carmen Uhrig die Berührungsängste, die Eltern bei einem Wort wie Mathematik befällt.

Die Fibel ausrangiert

Allerdings muss auch Schule sich verändern. Ernst-Josef Bonnkirch bemerkte nach den Veränderungen im Kindergarten, dass nun der Handlungsbedarf auf seiner Seite war: „Im Kindergarten, bei den Eltern, überall haben wir geworben und gesagt, wir verschulen nicht, wir fördern die Kinder ganz individuell, die müssen nicht, und schon gar nicht alle das Gleiche ... Und dann kommen sie ins erste Schuljahr. Plötzlich müssen sie, und immer die gleichen Buchstaben, die sie vielleicht schon kennen, alle die gleichen Sätze mit der Fibel ... In Mathematik das gleiche Problem." So hat sich die Diskussion, Kinder individuell zu behandeln, auf die Grundschule übertragen, im Kollegium und in Konferenzen. „Wir haben gemerkt, dass wir unglaubwürdig sind, wenn wir das im Kindergarten so erzählen und es selbst anders machen. Die Eltern haben uns drauf aufmerksam gemacht, der Kindergarten auch."

Zusammen mit seinem Team hat Bonnkirch das aktuelle Angebot für Schulmaterialien durchgeackert und schließlich Fibel und Mathebuch ausrangiert. Hut ab vor diesem Kollegium, denn damit begann für diese Grundschule eine gravierende Veränderung. Seither wird individuell in offenen Lerngruppen gearbeitet, jeder in seinem Tempo. Manche können schon lesen, wenn sie in die erste Klasse kommen, andere nach den Herbstferien oder an Weihnachten und wieder

andere brauchen zwei Jahre dafür. „Alles okay", sagt Bonnkirch, man müsse nur darauf achten, dass man die Klasse ab und an wieder zusammenführt. Er weiß, dass die Lehrkräfte nicht daran gewöhnt sind, zu „individualisieren". Und Eltern auch nicht. Diese wollten zwar, dass ihr Kind ganz individuell behandelt wird, doch dass es dann eben auch Unterschiede geben muss und ihr Kind vielleicht nicht zu den Spitzenreitern zählt, sei für sie schwer auszuhalten. Da helfe nur, „bei vielen Elternabenden immer wieder aufklären". Der Wormser Schulleiter ist überzeugt, die Umstellung für das gesamte System Schule „wird noch 10, 20 Jahre dauern. Denn das wird eine ganz andere Schulwelt sein".

Ein wichtiger Punkt des gegenseitigen Verständnisses sind gegenseitige Hospitationen. Lehrer gehen in die Kita, Erzieherinnen in die Schule. Auch die gegenseitige Teilnahme an Sitzungen des Schulelternbeirats oder des Elternausschusses ist gang und gäbe. So weiß jeder der Beteiligten um die virulenten Themen, kann Ideen beisteuern oder Kritik anbringen. In Rheinland-Pfalz ist die Kooperation politisch gewollt, Projekte werden großzügig finanziell unterstützt, und die staatlichen Weiterbildungsinstitute bieten Kurse und Tagungen zum Thema an. Tandem-Lehrgänge sind bei den Wormser Lehrkräften und Erzieherinnen beliebt. Damit sind sie auf gleichem Stand. Dennoch gehen sie unterschiedlich an Themen heran: „Die Erzieherinnen wollen immer Beispiele aus der Praxis. Die Lehrer Theorie", so Uhrig.

Hand in Hand

Die Kinder selbst haben mit der Umstellung die geringsten Probleme. Man sieht das beispielsweise im Sportunterricht. Gut, es dauert länger, bis sich die Kleinen umgezogen haben, aber sie machen das schließlich auch ganz ohne Hilfe! Kaum sind sie dann in der Halle, werden sie schon mit einbezogen „Jedes Kindergartenkind sucht sich ein Schulkind als Partner", ermuntert Britta Gröpl die Gruppe und verteilt bunte Seile. „Wir sind jetzt Astronauten", ruft sie und klatscht in die Hände: „Knall, knall, knall, wir fliegen durch das All. Jetzt sind wir auf einem Planeten gelandet, wo man nur auf einem Bein hüpfen kann!" Alle hüpfen herum und lachen, nach ein paar Variationen dieses Spiels geht es an die Geräte. „Komm zurück!", ruft ein Schulmädchen ihrer kleinen Partnerin zu, „wir müssen uns hinten anstellen." Ach so. Und schon ist das gelernt. Am Balken werden die Kleinen von den Großen geführt und am Klettergerüst, wo eine Bank als Rutsche eingehängt ist, kriegt einer der Fünfjäh-

rigen einen Schubs, damit er besser runter rutscht. Als Carmen Uhrig zum Weitergehen mahnt, schallt der Gruppe ein lautes Tschüüüß! hinterher.

Hier wie auch in den anderen Unterrichtsstunden hat die neue Art des fließenden Übergangs bewirkt, dass Schule wie Lehrerinnen den Nimbus des Unangreifbaren verlieren. Nicht nur die bösartig laute Klingel lässt die Kleinen kalt. Erstklässler antworteten schon mal mit einem „Nee, auf das A hab ich jetzt keine Lust" und beschäftigten sich mit etwas anderem, weiß Bonnkirch. Die Umstellung des Deutschunterrichts hat zur Folge, dass Kinder schneller lesen und schreiben können und dabei den Sinn besser verstehen. Nur, schön schreiben oder gut vorlesen, das können sie noch nicht so gut. Macht nichts, das kommt noch. Nicht nur am Anfang ist es ja der Inhalt, der zählt.

Große Beschützer

„Kulturen des Miteinanderredens und des Miteinanderdenkens schaffen" – Interview mit Familienforscher Wilfried Griebel

Frühpädagogik und die Bewältigung von „Transitionen", also Übergängen beziehungsweise Brüchen in der Lebensbiografie, sind die Arbeitsschwerpunkte des 56-jährigen Familienforschers und Psychologen Wilfried Griebel. Seit 25 Jahren forscht er am Münchner Staatsinstitut für Frühpädagogik, er hat zwei Kinder.

SM *Sie haben für Ihre Studie „Übergang vom Kindergarten in die Schule" die Kinder selbst befragt. Wo liegen denn die Knackpunkte?*

WG Es gibt dabei mehrere Stolpersteine für Kinder, die durch die Veränderung in Beziehungen, Rollen und Lebensumfeldern verursacht werden. Zunächst gibt es eine zentrale Identitätsveränderung: Ich werde ein Schulkind. Die ist mit ziemlich hohen Erwartungen von Seiten des Kindes selber, aber auch von den Erwachsenen verknüpft. Und diese Erwartungen sind vollkommen unklar. Es gibt keinen verbindlichen Kanon, was Schulkinder können müssen. Aber die Kinder wollen das unbedingt wissen! Was muss ich denn dann können und wie muss ich mich benehmen? Das ist, als wären wir zum ersten Mal in unserem Leben in einem Golfclub und wüssten nicht, was man jetzt eigentlich anzieht und mit wem man redet und mit wem nicht.

Insofern ist das eine sehr komplizierte Rolle. Weiter ergeben sich auch neue Lebensumwelten. Kinder müssen verkraften, dass die Regeln in der Schule andere sind als im Kindergarten oder zuhause. In die Schule muss man gehen, im Kindergarten kann man sich auch mal einen Tag frei nehmen. So eine Schulwoche ist aus der Sicht eines Kindes mit ziemlich hohen Anforderungen verbunden. Es ist insgesamt eine mit starken Gefühlen besetzte Identitätsveränderung, die ja bei uns auch gesellschaftlich anerkannt und durch Rituale zum Ausdruck gebracht wird: durch die Schultüte.

SM *Ich dachte immer, die soll den Ernst des Lebens versüßen.*

WG Oh, dieses Ritual kann durchaus einen praktischen Nutzen haben. Eine Grundschullehrerin hat mir Folgendes erzählt: Bevor die Kinder in die Schule kommen, geht sie zum Elternabend in den Kindergarten. Dort bastelt sie dann zusammen mit den Eltern die Schultüten. Eine ideale Gelegenheit, miteinander ins Gespräch zu kommen. Kaum einer denkt darüber nach, aber auch für die Eltern ergeben sich Veränderungen. Auch sie erleben eine Identitätsveränderung. Man muss erst lernen, Mutter oder Vater eines Schulkindes zu sein. Unsere Kinder beispielsweise waren in einer Montessori-Schule. Ich habe damals erst mal sehr viel über diese Pädagogik lernen müssen, um zu erfahren, wie ich durch die Gestaltung der Umgebung zuhause und auch durch mein Verhalten meine Kinder unterstützen oder auch stören kann. Letztlich geht es in jeder Pädagogik darum, sich zwischen Schule und Elternhaus abzustimmen.

Denn auch für die Eltern ergeben sich Veränderungen auf der Beziehungsebene — durch die neue Lehrkraft und die neuen Eltern. Außerdem sind sie damit beschäftigt, die Lebensumwelten Familie und Schule und Beruf miteinander in Einklang zu bringen. Meist ist es ja so, dass die Familie sich auf die Schule einstellt. Dass die Schule sich auf die Familie einstellt, kann man dagegen nicht sagen. Der Übergang zum Schulkind ist ein Familienproblem. Löst die Familie es gut, geht das Kind gerne in die Schule und fühlt sich dort wohl. Nur ein Kind, das sich in seiner Umgebung wohl und sicher fühlt, fängt an zu explorieren, sich nach außen zu orientieren, zu gucken, was es machen und lernen kann.

SM *Was können die Eltern tun?*

WG Sie müssen sich Bewältigungsstrategien überlegen, man könnte auch von stressreduzierenden Strategien reden. Meist suchen sie als erstes nach Informationen, denn es geht um Vorhersehbarkeit. Je mehr sie darüber wissen, desto sicherer fühlen sie sich. Das gilt sowohl für die Kinder als auch die Eltern. Und der allgemeine Befund ist, dass die Informationen, die von der Schule kommen, nicht ausreichen. Sie haben sich die Internetseite angeschaut, waren mal drin in der Schule — aber wie es dort wirklich abläuft, wie man im Unterricht mit den Kindern umgeht, wissen sie deswegen noch lange nicht. Und welche Bedeutung bestimmte Dinge haben — beispielsweise die Hausaufgaben, sind die jetzt in Ordnung oder nicht? Das Gefühl, dass von der Schule selber zu wenig Information kommt, ist weit verbreitet.

SM *Mit dem Eintritt der Kinder in die Schule werden Eltern oft strenger. Hängt das mit dieser Unsicherheit zusammen?*

WG Das ist tatsächlich so und wir nennen es „Traditionalisierung des Erziehungsstils". Auch eine Bewältigungsstrategie, die man aus anderen familialen Übergängen kennt, man besinnt sich immer auf vermeintlich Bewährtes. Für das Kind ist das natürlich ein doppelter Wechsel. Im Kindergarten geht es um Selbstständigkeit, auch um Selbstbestimmung und um möglichst viel Autonomie. In der Schule dagegen heißt es plötzlich: Ab jetzt wird gemacht, was die Erwachsenen sagen und zwar pünktlich, sauber, ordentlich und nix vergessen. Das war vorher alles nicht so wichtig. Und plötzlich machen auch die Eltern Stress. Bemängeln etwa bei den Hausaufgaben „Das hast du nicht so schön hingekriegt" und fordern „Das schreibst du einfach noch mal, bis es schön ordentlich ist."

Fortschrittliche Pädagogen sagen ohnehin, Hausaufgaben sind in der herkömmlichen Form ein Unding. Ich habe in Bremerhaven eine Lehrerin getroffen, die versucht hat zu verstehen, was die Aufgaben eigentlich für Kinder aus sozial schwächeren Familien bedeuten. Zusammen mit einer Kollegin hat sie deshalb Hausbesuche gemacht. Die Konsequenz: Nie wieder Hausaufgaben! Sie hatte gesehen, wie viele Kinder aus ihrer Klasse gar keine Chance hatten, ihre Aufgaben zu machen. Sie hatten keinen Platz, es war laut, sie mussten vielleicht auf Geschwister aufpassen — in jeder Familie war es anders. Nun wollte sie aber vermeiden, dass immer dieselben Kinder die Aufgaben nicht haben und jeden Schultag damit anfangen, dass sie da blank sind.

SM *Ist das aber nicht doch die Ausnahme? Besteht nicht vielmehr die Gefahr, dass das Bildungssystem auf Strenge und „Traditionalisierung" setzt — also nicht die Schule sich verändert, um die Kluft zwischen den Erziehungsstilen zu verringern, sondern die Kindergärten sich der Schule annähern?*

WG Fakt ist, die Begegnungen zwischen Grundschulen und Kindergärten haben zugenommen. Es ist jetzt mehr im Gespräch, dass im Kindergarten auch schon gelernt wird. Und dass es auch für Lehrer interessant sein kann, zu erfahren, was dort genau gemacht wird. Überall, wo solche Treffen stattfinden, ein Austausch, ein Kennenlernen des jeweils anderen, da ist schon eine ganz wichtige Brücke zur Zusammenarbeit gebaut. Auf Seiten der Schule merkt man dann oft erst, wie viel Bildungsarbeit tatsächlich im Kindergarten läuft. Die Schule kann darauf aufbauen und sollte das nicht entwerten, darauf kommt es an. Umgekehrt sollte auch der Kindergarten nicht die Arbeit der Schule entwerten. Schulen ändern sich. Eingangsstufen ändern sich. Das erfährt man aber nur, wenn man mit der Schule ins Gespräch kommt. Deswegen sind Ansätze, den Übergang fließender zu gestalten dort am meisten von Erfolg gekrönt, wo Schule, Kindergarten und Eltern zusammenarbeiten.

SM *Wie lange dauert denn der Übergang für die Kinder?*

WG Wir haben danach bei unserer Übergangsuntersuchung „Von der Familie in den Kindergarten" gefragt und von den Erzieherinnen äußerst unterschiedliche Antworten bekommen. Es gab zwei grundsätzliche Richtungen. Die einen favorisierten eine kurze und eher harte Trennung von den Eltern, die anderen gaben lieber mehr Zeit dafür. Von einer Leiterin habe ich dann gehört, dass sie sozusagen von der kurzen auf die langsamere Trennung umgestellt hat. Dort hatte man beschlossen, probehalber zuzulassen, dass die Mutter so lange im Kindergarten bleibt, bis sie sich vom Kind trennen kann. Die Leiterin sagte: „Dabei haben wir mehr Tränen gesehen als vorher, aber wir haben auch gemerkt, was wir vorher alles weggedrückt haben." Oft heißt es ja, wenn die Mutter erst mal weg ist, hört das Kind auch auf zu weinen. Aber, wenn es aufhört zu weinen, heißt das ja nun nicht, dass es automatisch auch beruhigt ist. Bei Schulkindern ist das im Prinzip genauso.

Sie bemühen sich ständig um Anpassung. Dies ist mit einer hohen Anspannung verbunden, die verhindert, dass sie sich wirklich auf das Lernen einlassen können.

SM *Woran erkennt man, ob man dem Kind jetzt helfen muss?*

WG Ich würde sagen, ein Alarmsignal ist soziale Isolation. Wenn ein Kind am Rand steht, nicht mitmacht oder von den anderen ausgegrenzt wird. Oder wenn man Verhaltensweisen beobachtet, die an Wahrnehmungsstörungen denken lassen. Wenn ein Kind, das einen völlig aufgeweckten Eindruck macht, unerklärbare Leistungsergebnisse abliefert. Vielleicht hört oder sieht es einfach schlecht.

SM *Was sind Voraussetzungen für einen guten Übergang?*

WG Zuallererst die gemeinsame Auseinandersetzung darüber. Wir verstehen den Übergang als Ko-Konstruktion. Was das jetzt tatsächlich heißt, ein Schulkind zu werden, steht in keinem Physikbuch, sondern ist etwas, was letztlich die beteiligten Personen aushandeln. Je mehr sie darüber reden, desto mehr Klarheit gewinnen sie darüber. Als Psychologe geht es mir immer ums Verständnis. Und wenn ich das habe, dann weiß ich, wo ich unterstützen muss oder kann. Ein weiterer wichtiger Punkt ist, dem Ganzen einen gemeinsamen Rahmen zu geben. Man muss Kulturen des Miteinanderredens und des Miteinanderdenkens schaffen. Sich gegenseitig akzeptieren in der unterschiedlichen Fachlichkeit. Als Erzieherin, als Lehrkraft — und auch die Eltern bringen einiges mit.

Schlussbetrachtung

Individualität bedeutet, dass es Unterschiede gibt. Ernst-Josef Bonnkirch kämpft nicht als einziger mit dem Paradox, dass einerseits Individualität gewünscht wird, andererseits alle im Gleichschritt marschieren sollen. Er kennt die Balance zwischen Fordern und Fördern. Wie nah dabei seine Erfahrungen mit der veränderten offenen Grundschule an denen der Freien und der Aktiven Schulen liegen, ist ein faszinierender Querverweis. Querverbindungen gibt es in diesem Buch auch sonst reichlich und es zeigt, dass man Lösungen für eigene Probleme oft in ganz anderen Zusammenhängen finden kann. Vernetzen, Kooperieren, Querdenken! Wäre dieses Buch ein Online-Text, es gäbe jede Menge Hyperlinks.

Die Auswahl der Themen ging von den ersten Wissenstheorien aus. Natürlich hätte man noch Medienkompetenz aufnehmen können oder Musik oder... Doch wir haben nach der Regenbogenzahl sieben erst mal einen Punkt gemacht. Dabei sind die vorgestellten Einrichtungen keineswegs mit dem Hintergedanken versehen, so müssten es nun alle machen. Sie sollen nicht als Paradiese des Lernens verstanden werden, aber doch als Leuchttürme in der Bewältigung des Alltags. Das ist schließlich immer das Schwierigste, nicht das Sonderprogramm oder die zusätzlichen Aktivitäten.

„Leuchttürme" meint hervorragende Anregung, nicht perfektes Vorbild. Alle gezeigten Konzepte befinden sich im Prozess. Der engagierte wunderbare Unterricht in Klasse 3b heißt nicht — so viel Ehrlichkeit muss sein — dass in Klasse 2b alles genauso gut klappt. Die Konstellation verschiedener Faktoren machen das Gelingen eines Vorhabens aus. Gibt es darüber verschiedene Ansichten, wird oftmals die Sachebene verlassen. Verletzungen sind die Folge, die wiederum das Ende einer gedeihlichen Lernkultur nach sich ziehen. Wilfried Griebel wirbt in diesem Sinne konstruktiv bei allen um Verständnis für alle. Und empfiehlt, sich gelegentlich genau vor Augen zu halten, was die betreffende Situation für den anderen bedeutet. Empathie heißt das Schlüsselwort. Am besten gepaart mit Selbstreflexion, denn der eigene Ansatzpunkt muss nicht immer stimmig sein. Im schlimmsten Fall muss man Schnitte machen und Konstellationen verändern. Oder Hilfe holen. Kinder haben feine Sensoren für die Ängste der Erwachsenen. Wir sind in der Pflicht, die Zukunft als einladenden Ort zu gestalten, unsere Kinder werden dort leben.

Literatur und Kontakte

Adressen der vorgestellten Kindertagesstätten und Schulen sowie der Experten (Stand: Februar 2008)

Physikalische Konzepte

Städtische Kinderkrippe
Felicitas Füss-Str. 14
81827 München
Ansprechpartnerin: Leiterin Edeltraud Prokop
Tel. 0 89 / 45 67 84 90

Dr. Gabriele König
Kinder-Akademie Fulda
Mehlerstraße 4
36043 Fulda
Tel. 06 61 / 9 02 73-0

Johann-Walling-Schule
Kapellenstraße 10
46325 Borken
Ansprechpartnerin: Stefanie Baumann
Iel. 0 28 61 / 60 09 33

Mehr Informationen zu den Klassenkisten auf der Seite des Seminars für Didaktik des Sachunterrichts der Universität Münster: www.ddsu.uni-muenster.de

Biologie

Kindergarten „Wurzelkinder" auf dem Bauernhof
Hofschlachterei Muhs
Im Dorfe 4
24217 Krummbek

Ansprechpartnerin: Anne-Marie Muhs
www.hofschlachterei-muhs.de
Bundesarbeitsgemeinschaft Lernort Bauernhof
(BAGLOB)
www.baglob.de

Ganztagsschule Würzburg-Heuchelhof
Römer Straße 1
97084 Würzburg
Ansprechpartnerin: Maria Kauczok
Tel. 09 31 / 6 02 24

Die Würzburger Grundschule ist eine von 162 „Unesco-Projektschulen" und damit den fünf Themen: Menschenrechtserziehung, Weltkulturerbe, interkulturelles Lernen, „eine Welt" und Umweltschutz verpflichtet.
www.ganztagsschule-heuchelhof.de

Spielen

Charlotte Bühler-Institut für praxisorientierte
Kleinkindforschung
1040 Wien
Favoritenstraße 4–6 / 1 / 1
www.charlotte-buehler-institut.at

Psychologie

Kindertageseinrichtung 127
Kegelbahn 42
65931 Frankfurt am Main
Ansprechpartnerin: Leiterin Angelika Schell
Tel: 0 69 / 36 27 72

Mehr zum Projekt „Starthilfe":
Sigmund-Freud-Institut
Myliusstraße 20
60323 Frankfurt am Main
www.sfi-frankfurt.de

Dr. Karl Heinz Brisch
Ludwig-Maximilians-Universität
Kinder- und Poliklinik im Dr. von Haunerschen
Kinderspital

Leiter der Abteilung Pädiatrische
Pychosomatik und Psychotherapie
Pettenkoferstr. 8a
80336 München
Tel. 0 89 / 51 60–37 09
Fax 0 89 / 51 60–47 30

Weitere Infos zu seinen Programmen unter
www.safe-programm.de und
www.base-babywatching.eu

Inti — Integrative Schule Frankfurt

Inti — Integrative Schule Frankfurt
Platenstraße 75
60431 Frankfurt am Main
Ansprechpartner: Schulleiter Lutz Kunze
Tel. 0 69 / 57 50 15

Mathematik

Städtische Kindertagesstätte Kuhbach
Schulstraße 4
77933 Lahr
Ansprechpartnerin: Beate Schönle-Walter
Tel. 0 78 21 / 97 75 61

Dr. Gerhard Friedrich
Friesenheimer Weg 15
77933 Lahr

Informationen beim Institut für vorschulisches Lernen:
http://www.ifvl.de

Grundschule Curslack-Neuengamme, Sinusschule
Gramkowweg 5
21039 Hamburg
Ansprechpartnerin: Sinuskoordinatorin
Ulrike Schönfeld
Tel. 0 40 / 7 23 74 00

Mathematisches Mitmach-Museum: Mathematikum
Ehemaliges Zollamt
Liebigstraße 8
35390 Gießen
Tel. 06 41 / 9 69 79 70
www.mathematikum.de

Sprache

Pinocchio
Deutsch-italienischer Kindergarten
Unterweg 14
60318 Frankfurt
Ansprechpartnerin: Leiterin Marina Demaria
Tel. 0 69/59 48 07

Dr. Marianne Wiedenmann
Jahnstraße 48
60318 Frankfurt
E-mail: wiedenmann@em.uni-frankfurt.de

Albrecht-Dürer-Schule
Riedstraße 13
65936 Frankfurt
Ansprechpartnerin: Gaby Junginger
Tel. 0 69/2 12–4 55 51

Verein für frühe Mehrsprachigkeit an Kindertageseinrichtungen und Schulen FMKS. Im Internet unter
www.fmks-online.de mit Adressen von bilingualen
Schulen und Kindergärten.

Informationen zu den Hörclubs:
Stiftung Zuhören
c/o Bayerischer Rundfunk
Rundfunkplatz 1
80335 München
Tel: 0 89/59 00–12 55

Weitere Infos zum Hören im Internet:
www.ganzohrsein.de

Metakognition

Reggio-Kinderhaus Gotha
Clara-Zetkin-Straße 15/16
99867 Gotha
Ansprechpartnerin: Doris Tüngerthal
Tel. 0 36 21/85 38 94

Freie Schule Marburg
Anne-Frank-Str. 2
35037 Marburg
Tel. 0 64 21/3 59 05

Aktive Schule Frankfurt
Boskoopstraße 6
60435 Frankfurt
E-mail: schilljuki@web.de
www.aktive-schule-frankfurt.de

Bundesverband der Freien Alternativschulen (BFAS)
Brandenburger Str. 5
34131 Kassel
Tel. 05 61/3 16 17 78
www.freie-alternativschulen.de

Kita Das kleine Meer/Kerschensteiner Grundschule
Neubachstr. 57
67551 Worms
Ansprechpartner: Schulleiter Ernst-Josef Bonnkirch
Tel. Schule: 0 62 41/20 29 57
Tel. Kita: 0 62 41/93 00 95

Dr. Wilfried Griebel
Staatsinstitut für Frühpädagogik München
Winzererstraße 9
80797 München
Tel. 0 89/9 98 25 19 00
www.ifp.bayern.de

Literaturtipps nach Themen

Physik

Elschenbroich, D. (2005). Weltwunder. Kinder als Naturforscher. München: Verlag Antje Kunstmann.

Jonen, A./Möller, K. (2005). Klasse(n)kisten für den Sachunterricht. Ein Projekt des Seminars für Didaktik des Sachunterrichts im Rahmen von KiNT „Kinder lernen Naturwissenschaften und Technik". Thema: Schwimmen und Sinken. (2007). Thema: Luft und Luftdruck. Essen: Spectra Verlag.

Jonen, A./Nachtigäller, I./Baumann, S./Möller, K. (2008). Thema: Schall – Was ist das? Essen: Spectra Verlag.

Kieninger, M. (2008). Physik mit 2- bis 3-Jährigen. Berlin, Düsseldorf, Mannheim: Cornelsen Verlag Scriptor.

Kieninger, M. (2008). Physik mit 4- bis 6-Jährigen. Berlin, Düsseldorf, Mannheim: Cornelsen Verlag Scriptor.

Biologie

Dyson, F. (2007): Visionen grüner Technik in: Lettre International 3/2007.

Kieninger, M. (2008). Biologie mit 2- bis 3-Jährigen. Berlin, Düsseldorf, Mannheim: Cornelsen Verlag Scriptor.

Kieninger, M. (2008). Biologie mit 4- bis 6-Jährigen. Berlin, Düsseldorf, Mannheim: Cornelsen Verlag Scriptor.

Prokop, E., Österreicher, H. (2006). Kinder wollen draußen sein. Seelze: Kallmeyer im Erhard Friedrich Verlag.

Spielen

Alt, C. (Hrsg.) (2007). Kinderleben – Start in die Grundschule. Schriften des DJI, Band 3. Wiesbaden: VS Verlag.

Becker-Stoll, F. (2007) Die Erzieherin-Kind-Beziehung. Zentrum von Bildung und Erziehung. Berlin, Düsseldorf, Mannheim: Cornelsen Verlag Scriptor.

Benasayag, M., Schmit, G. (2007). Die verweigerte Zukunft. München: Verlag Antje Kunstmann.

Brisch, K. H. (2006). Bindungsstörungen. Von der Bindungstheorie zur Therapie (7. Aufl.). Stuttgart: Klett-Cotta.

Brisch, K. H., Hellbrügge, Th. (Hrsg.) (2007). Die Anfänge der Eltern-Kind-Bindung. Stuttgart: Klett-Cotta.

Flor, D., Petillon, H. (1997). Abschlussbericht Spiel- und Lernschule, Saarburg: Staatliches Institut für Lehrerfort- und Weiterbildung.

Friedrich, H. (2008) Beziehungen zu Kindern gestalten. (4. Aufl.). Berlin, Düsseldorf, Mannheim: Cornelsen Verlag Scriptor.

Hartmann, W., Neugebauer, R., Rieß, A. (1998). Spiel und elementares Lernen. Didaktik und Methodik des Spiels in der Grundschule. Wien: öbv.

Leuzinger-Bohleber, M., Brandl, Y., Hüther, G. (Hrsg.) (2006). ADHS – Frühprävention statt Medikalisierung. Göttingen: Vandenhoeck & Ruprecht.

Marsal, E., Takara D. (Hrsg.) (2005). Das Spiel als Kulturtechnik des ethischen Lernens. Münster: Lit Verlag.

Psychologie

Oerter, R. (1997). Psychologie des Spiels. Weinheim: Beltz Verlag.

Schneider, S., Weber, M. (2004). Papa wohnt nicht mehr bei uns. Wien: Annette Betz Verlag.

Snoek, C. (2002). Bin ich überhaupt wichtig? Gießen: Brunnen-Verlag.

Mathematik

Beutelspacher, Albrecht (Hrsg.) (2002). Mathematik zum Anfassen (Katalog des Museums Mathematikum). 50 mathematische Experimente. Gießen: Mathematikum c/o Mathematisches Institut.

Beutelspacher, A., Wagner, M. (2008). Wie man durch eine Postkarte steigt und andere spannende mathematische Experimente. Freiburg: Verlag Herder.

Friedrich, G., Galgóczy, V., (2004). Komm mit ins Zahlenland. Freiburg im Breisgau: Christopherus im Herder Verlag.

Sprache

Fried, L., Briedigkit, E. (2008). Sprachförderkompetenz – Selbst- und Teamqualifizierung für Erzieherinnen, Fachberatungen und Ausbilder. Berlin, Düsseldorf, Mannheim: Cornelsen Verlag Scriptor.

Huber, L., Kahlert, J, Klatte, M. (Hrsg.) (2002). Die akustisch gestaltete Schule. Göttingen: Vandenhoeck & Ruprecht.

„Ich kann zwei Sprachen", kostenlose Broschüre des „Vereins für frühe Mehrsprachigkeit an Kindertageseinrichtungen und Schulen" FMKS. Tel. 0431/3890479

Jampert, K., Leuckefeld. K. Zehnbauer, A., Best, P. (2006). Sprachliche Förderung in der Kita. Weimar, Berlin: verlag das netz.

Kohl, E.M. (2006). Spielzeug Sprache – Ein Werkstattbuch (2. Auflage). Berlin, Düsseldorf, Mannheim: Cornelsen Verlag Scriptor.

Nelson, K. (2002). Erzählung und Selbst, Mythos und Erinnerung: die Entwicklung des autobiografischen Gedächtnisses und des kulturellen Selbst. In Bios, Jahrg. 15, Heft 2.

Wiedenmann, M. (Hrsg.) (2007). Sprachförderung mit allen Sinnen. Basiswissen, integrative Ansätze, Praxishilfen, Spiel- und Übungsblätter für den Unterricht zur Förderung der sprachtragenden Wahrnehmungsfunktionen (3. Aufl.). Weinheim und Basel: Beltz-Verlag.

Metakognition

Gisbert, K. (2004). Lernen lernen. Berlin, Düsseldorf, Mannheim: Cornelsen Verlag Scriptor.

Hoenisch, N., Niggemeyer, E. (2003). Bildung mit Demokratie und Zärtlichkeit. Berlin, Düsseldorf, Mannheim: Cornelsen Verlag Scriptor.

Synästhesie

Adler, H., Zeuch, U. (Hrsg.) (2002). Synästhesie. Würzburg: Königshausen & Neumann.

Hinderk, E., Schneider, U., Zedler, M. (2004). Welche Farbe hat der Montag? Stuttgart: Hirzel.

Mehr Informationen im Internet:
www.mhh-synaesthesie.de
www.synaesthesieforum.de

Übergänge

Bertelsmann Stiftung (Hrsg.) (2007). Von der Kita in die Schule. Handlungsempfehlungen an Politik, Träger und Einrichtungen. Gütersloh: Bertelsmann Stiftung.

Griebel, W., Niesel, R. (2007). Transitionen. Fähigkeit von Kindern in Tageseinrichtungen fördern, Veränderungen erfolgreich zu bewältigen. Berlin, Düsseldorf, Mannheim. Cornelsen Verlag Scriptor.

Bildungsprozesse allgemein

Carr, M., May, H., Podmore, V. Te Whāriki: Neuseelands frühpädagogisches Curriculum 1991–2001. In: Fthenakis, W. E., Oberhuemer, P. (Hrsg.) (2004). Frühpädagogik International. Bildungsqualität im Blickpunkt. Wiesbaden: VS Verlag für Sozialwissenschaften.

Dunlop, A.-W. (2004). Das Kind im Mittelpunkt: Frühpädagogische Curricula in Schottland. In: Fthenakis, W. E., Oberhuemer, P. (Hrsg.) (2004). Frühpädagogik International. Bildungsqualität im Blickpunkt. Wiesbaden: VS Verlag für Sozialwissenschaften.

Film: Elschenbroich, D., Schweitzer, O. (2002). Erzieherporträts: USA, Schweden, Italien. DJI Filmcurriculum Wissen und Bindung. 60 Min. München: Deutsches Jugendinstitut.

Heckt, D. H., Krause, G., Jürgens, B. (2006). Kommunizieren – Kooperieren – Konflikte lösen. Bad Heilbrunn: Verlag Julius Klinkhard.

Neuß, N. (2007) Bildung und Lerngeschichten im Kindergarten. Konzepte – Methoden – Beispiele. Berlin, Düsseldorf, Mannheim: Cornelsen Verlag Scriptor.

Pramling Samuelsson, I. (2004). Das spielende, lernende Kind in der frühkindlichen Erziehung. In Diskowski, D., Hammes-Di-Bernado, E. (Hrsg.) (2004). Lernkulturen und Bildungsstandards. Kindergarten und Schule zwischen Vielfalt und Verbindlichkeit. Hohengehren, Baltmannsweiler: Schneider Verlag.

Pramling Samuelsson, I. (2004). Demokratie: Leitprinzip des vorschulischen Bildungsplans in Schweden. In Fthenakis, W. E., Oberhuemer, P. (Hrsg.) (2004). Frühpädagogik International. Bildungsqualität im Blickpunkt. Wiesbaden: VS Verlag für Sozialwissenschaften.

Stern, Elsbeth, 2004: Entwicklung und lernen im Kindesalter. In Diskowski, D., Hammes-Di-Bernado, E. (Hrsg.) (2004). Lernkulturen und Bildungsstandards. Kindergarten und Schule zwischen Vielfalt und Verbindlichkeit. Hohengehren, Baltmannsweiler: Schneider Verlag.

Wild, R. (2007). Mit Kindern leben lernen. (3. Aufl.). Weinheim: Beltz Verlag.

Wild, R. (2004). Freiheit und Grenzen – Liebe und Respekt. (2. Aufl.). Weinheim: Beltz Verlag.

Kindliche Lernprozesse in Bildern

Ein ungewöhnliches Buch mit ungewöhnlicher Sichtweise in ungewöhnlichem Layout. Auf diese Art und Weise wurde bislang noch nicht dargestellt, wie Kinder von 0 bis 6 Jahren lernen. Es zeigt auf, dass die nachhaltigsten Lernprozesse selbstgesteuert sind, es dabei aber auch auf eine aktive Umwelt ankommt, die das Kind gezielt unterstützt. Untermauert werden die zahlreichen Beispiele aus der Praxis mit vielen Fotografien.

Ein Buch, bei dem allein das Durchblättern Freude macht und Neugier weckt und das alle Erzieherinnen und Erzieher, Tagesmütter und Eltern mit großem Gewinn lesen werden.

Elisabeth C. Gründler
Rohstoff Intelligenz
Frühkindliche Bildung
2008, 144 Seiten, kartoniert
ISBN 978-3-589-24555-0

www.cornelsen.de/
fruehe-kindheit